Andrea Glaubacker

Indien ...

von Buddha bis Bollywood

Conbook Verlag

Inhalt

Inhalt

Inhalt

Einleitung

In Kindertagen geisterten faszinierende Indienbilder in meinem Kopf umher - da waren Fakire auf Nagelbetten und Magier, die auf Seilen ins Nichts kletterten, Schlangenbeschwörer, juwelenbesetzte Paläste und Witwenverbrennungen, das alles war Indien. Aufregend, exotisch, geheimnisvoll. Als ich Anfang 20 zum ersten Mal nach Indien reiste, zeigte es sich mir selbstverständlich ganz anders als in den naiven Kindheitsbildern, denn nach einer Landung in Delhi oder Mumbai betritt der Indienreisende eine andere Welt. Nun wird er mit Anblicken konfrontiert, die er bislang nur durch die schonende Distanz der Fernsehröhre kennt. Entschleiert jedweder Phantasiebilder prasselt die indische Realität schonungslos auf den ahnungslosen Besucher nieder, der nun lernen muss, mit Bildern blanker Armut umzugehen, er muss Handlungsstrate-

gien entwickeln und eine hohe Kulturleistung erbringen: die der Anpassung - zu starre Charaktere verzweifeln an Indien.

Und die Kindheitsbilder? Die Schlangenbeschwörer setzten jedes Mal mit schrillem Getröte ein, sobald nur ein Zipfel von Tourist zu sehen war und zerrten die verschlafenen Kobras aus ihrem Korb. Die Magier Indiens sind Ohrenputzer, die mit Finesse Steine oder Kerzenwachs aus den Gehörgängen der Touristen zaubern, die anschließend entsetzt aber dankbar das Angebot annehmen, sich die Ohren gründlich reinigen zu lassen. Die juwelenbesetzten Paläste der Kindheitsphantasie waren meist entweder Ruinen oder Luxushotels und Witwenverbrennungen gab es glücklicherweise nicht mehr. An meine erste Reise nach Indien denke ich gerne zurück, sie war eine der eindrücklichsten. Meine Rückkehr verlief traumatisch und meine Wiedereingliederung in das vergleichsweise nüchterne Deutschland fiel schwer und dauerte lange. Weitere Reisen folgten, die Rückkehr wurde zwar weniger traumatisch, dafür jedes Mal reicher an Erfahrungen und mit neuen Bildern im Kopf.

Jeder Indienreisende entwickelt eine sehr individuelle Verbindung zu dem Land, denn durchlebte emotionale Befindlichkeiten jeder Couleur lassen die Beziehung ganz speziell werden. Oft ist es eine Art Hassliebe. Man kann weder ohne, noch mit. Man reist mit freudiger Erwartung nach Indien und kommt schon bald in eine dieser typischen Situationen, die einen zur Raserei bringen können, verwirren oder traurig machen, und man fragt sich, warum zur Hölle man hier und nicht auf Mallorca ist. Bereits im nächsten Augenblick weiß man es wieder, da geht die Sonne über dem glitzernden Fluss auf und silberne Fische springen, da treffen einen freundliche Blicke aus strahlenden Augen, da sitzt man überwältigt alleine auf dem Dach eines verlassenen Palastes im Nirgendwo, blickt in den gelben Sonnenuntergang und fühlt sich eins mit der Welt.

Warum ich dies schreibe? Weil dieses Buch informiert, es bereitet vor, es eröffnet Einsichten und Ausblicke, aber eine Reise kann es nicht ersetzen. Reisen Sie nach Indien und entdecken Sie die Welten zwischen den Zeilen!

Reiswassercocktail in Hampi

Auf Zehenspitzen reist es sich schlecht, verdammt schlecht. Eingeklemmt stehe ich zwischen schnauzbärtigen Indern einer Ballerina gleich im Bus nach Hampi in Karnataka. Gleichmut und die Fähigkeit zur meditativen Versenkung könnten die achtstündige Fahrt erträglich machen, an beidem mangelt es mir. Bei jedem Halt versuche ich, meinen Kopf zu drehen, und meine panischen Blicke verfolgen jeden Topf, Koffer und Kessel, der vom Busdach abgeladen wird. Ich hoffe, mein Rucksack ist noch oben.

Uff. Die Zehen tun weh, der Körperkontakt zu den mich einquetschenden Indern macht mich aggressiv, die schrille Hindimusik hämmert in meinen

Kopf, ich muss raus, nur raus hier. Beim nächsten Stopp klettere ich auf das Busdach. Hier oben ist es nicht minder überfüllt, jeder Millimeter ist vollgestopft. Mit Töpfen, zugeschnürten Koffern und fidelen Reisenden. Auf einem Kupferkessel finde ich noch ein Plätzchen, alles ist besser, als unten in der Bushölle zu balancieren. Der Busfahrer nimmt jedes Schlagloch mit Bravour und ich fliege in die Luft, bevor mein Hinterteil mit Wucht auf den harten Kupferkessel knallt, an dessen Verschnürung ich mich festkralle, während Äste über unsere Köpfe peitschen. »Reisen macht Spaß, Reisen bildet, Reisen erweitert den Horizont«, murmle ich mantraartig in mich hinein und zweifle ernsthaft, ob ich das Ziel in fester Form erreiche oder als zerschüttelter menschlicher Cocktail von Dach fließen werde.

Mit Karacho rasen wir nach Hampi, Endstation. Hurra, ich lebe. Am Ende der staubigen Hauptstraße thront ein mächtiger Tempel. Rechts und links dieser einzigen Hauptstraße stehen kleine Häuser, ein paar Guesthouses, Buden, Restaurants. Hampi war ab dem 14. Jahrhundert die blühende Hauptstadt des hinduistischen Königreichs Vijayanagar, bis 200 Jahre später moslemische Heere einfielen und die Stadt nahezu vollständig zerstörten. Eine Million Menschen lebten hier zur Blütezeit der Stadt. Kaum vorstellbar, denn heute gleicht Hampi einem verschlafenen Dorf.

Nachdem ich in ein dunkles Zimmer mit Matratze und weiter nichts eingezogen bin, schlendere ich durch den Ort. Er besteht tatsächlich fast ausschließlich aus der Hauptstraße und dem Tempel. In unmittelbarer Nähe fließt ein breiter Fluss, bizarr türmen sich riesige Gesteinsbrocken am Ufer zu hohen Hügeln aufeinander und liegen wie auf einer Zielgeraden eines Gigantenweitwurfwettbewerbs in der Gegend. Hinter Bananenplantagen ist ein Traveller Teashop mit einer Schaukel am Abhang, die mich sanft über die Landschaft schweben lässt, unter mir sattgrüne Reisfelder, der glitzernde Fluss, die riesigen Felsbrocken. Ein Hochgefühl schwappt in mir bis zur Kehle hoch und darüber hinaus. Ich fühle mich frei, befreit, glücklich.

Am nächsten Tag breche ich zur brutheißen Mittagszeit mit einer kleinen Wasserflasche zur Erkundung der näheren Umgebung auf. Auf 26 km^2 stehen Tempel in unterschiedlichen Verfallsstadien und zeugen von der ruhmreichen Vergangenheit Hampis. Der Vittala Tempel aus dem 15. Jahrhundert ist eines der beeindruckendsten Monumente und gehört zum Weltkulturerbe. Von hohen Mauern umgeben befinden sich in diesem Tempelkomplex reich verzierte Tortürme und Pavillons. 56 der hohlen, filigranen Steinsäulen erzeugen verschiedene Töne, klopft man verbotenerweise dagegen.

Hampi ist faszinierend, wunderschön, magisch. Das historische Ausmaß und der kulturelle Reichtum hauen mich um, Wassermangel und brennende Mittagshitze tun ihr übriges. Ich schleppe mich zum Fluss und nehme ein Bad, schwimme hin und her und genieße die erfrischende Kühle in der einzigartigen Landschaft. Korbähnliche Boote dienen zum Überqueren des Flusses. Ein Bootsmann, eine Handvoll Fahrgäste, und der Korb ist voll.

Ein winziger Wassertropfen gelangt in meinen Mund, noch denke ich mir nichts dabei. Als sich Stunden später aus sämtlichen Körperöffnungen alles ergießt, was sich nur ergießen kann, fällt er mir wieder ein - der kleine Wassertropfen. Die nächsten Tage verbringe ich hauptsächlich auf einem

verschissenen Stehklo, auf den Toiletten nebenan spielt sich das gleiche erbärmliche Szenario ab, oder ich liege zusammengekrümmt auf der Matratze im fensterlosen Raum. Der Herbergsvater bereitet uns Kranken Reiswasser zu, schreibt irgendwas in Hindi auf, was ich mir von einer der Kioskbuden besorge und einwerfe. Nach drei Tagen ist der Spuk vorbei.

Ich beschieße, in die Berge zu reisen. Der Rucksack ist schon auf dem Busdach, ich besteige den überfüllten Bus, werfe noch einen Blick zurück auf das unbeschreibliche Hampi, stelle mich auf die Zehenspitzen und schließe die Augen.

Namasté Indien

Indien ist das Land der Kontraste. Faszinierend, schillernd, prächtig, schockierend und hart zugleich. Hier zeigt sich ausufernder Reichtum und blanke Armut - überquellenden, verschmutzten Stätten stehen atemberaubende Landschaften gegenüber, Altertum und Moderne existieren nebeneinander und kennzeichnen den Entwicklungsprozess der indischen Gesellschaft. Jeans und Saris, Tempeltanz und Bollywood, Ochsenkarren und Computer, diese Kontraste fallen jedem Indienreisenden auf.

Ganz selbstverständlich sind uralte hinduistische Götter in die Lebenswelten des modernen Indiens integriert worden. Um einen Bankautomaten oder ein neues IT-Unternehmen einzuweihen, sind Götter wie der elefantenköpfige Ganesh mit von der Partie und geben ihren Segen zum Erfolg des Betriebes.

Eine Reise nach Indien ist immer auch eine Reise durch die Zeit. Jahrhunderte alte Tempel und Moscheen, prächtige Paläste und Höhlenklöster prägen das architektonische Gesicht dieses Kulturlandes. Eine Jahrtausende alte Geschichte und Philosophie sowie Wissenstraditionen wie Yoga und Ayurveda, die auch im Westen große Beachtung finden, sind Zeugnisse dieser großen Nation.

Westler, die nach Indien kommen, sind längst nicht mehr nur Sinnsucher und Blumenkinder verschiedener Generationen. Investoren und Unternehmer haben Indien im Visier, denn das Land hat eine der am schnellsten wachsenden Ökonomien der Welt. Eine wachsende und aufstrebende Mittelschicht mit dem Potential einer der Konsumentenmärkte der Zukunft zu werden, macht Indien als Handelspartner zunehmend attraktiv.

Dabei wird ein wesentlicher Punkt häufig übersehen - nur ein geringer Teil der Gesellschaft partizipiert am Aufschwung des Landes. Indien ist ein Agrarland und das moderne, aufstrebende Indien zeigt sich in den ländlichen Regionen kaum. Hier herrschen alte Traditionen, wie zum Beispiel das Kastensystem, das in den Städten zumindest teilweise durchlässig geworden ist, in alter Konsequenz.

Bei einer Reise durch Indien zeigt sich der Facettenreichtum des Landes, das bei all seiner Vielfalt eher einem kleinen Kontinent gleicht. Verschiedene Stämme, Sitten und Gebräuche, zahlreiche Religionsgemeinschaften und eine unglaubliche Vielfalt an Landschaftsformen und Vegetationen prägen das Land. Indien hat weit mehr zu bieten als nur Palmenstrände. Hoch im Norden befindet sich das Himalaya Gebirge, welches mit einer Länge von 3.500 km die Nord- und Ostgrenze des Landes bildet. Südlich des Himalayas durchzieht das Flussnetz des Ganges die Regionen im Norden. Südlich davon liegt das Deccanhochland, das die gesamte Südspitze Indiens und etwa die Hälfte des Landes umfasst. Seine Randgebirgszüge ziehen sich an der West- und Ostküste entlang, die West- und die Ostghats.

Das in der Wüste gelegene Rajasthan ist die beliebteste Reiseregion im Norden. Seine Paläste und Festungen prägen maßgeblich das Bild des prunkvollen Indiens der Maharadschas. Im Westen liegt Goa, das seit der Hippieinvasion mit palmenumsäumten Stränden lockt. Auch Kerala im Süden erfreut sich zunehmender Beliebtheit. Als Wiege des Ayurveda und mit einer üppigen, tropischen Landschaft und grünen saftigen Reisfeldern ist der vergleichsweise wohlhabende Bundesstaat Kerala eine der Topdestinationen Indiens geworden. Im Osten des Landes liegen große Teeplantagen und regenreiche Dschungelgebiete - so hat jede Region ihren ganz eigenen Reiz und ihre eigenen touristischen Highlights.

Doch was wäre Indien ohne seine Bewohner, die dem Land sein menschliches Antlitz verleihen. Trotz verbreiteter materieller Armut - die Menschen sind mutig und voller Lebensfreude. Die kulturellen Unterschiede erscheinen den Westlern groß und manchmal unüberwindbar - doch gerade hier eröffnet sich eine Essenz des Reisens. Neuem zu begegnen, die eigene kulturelle Identität durch die Konfrontation mit dem Fremden zu entdecken, aber auch der Versuch, auf das Unverständliche nicht mit Abwehr zu reagieren, sondern es als gleichwertig zu respektieren.

Indien überwältigt mit all den Farben, Gerüchen, Geschmäckern, Ansichten. Es ist bunt, flirrend, bezaubernd, es stößt ab, um wieder anzuziehen. Es ist eine fremdartige Welt, in die sich der Indienreisende begibt. Er wird mit seinen höchsten und seinen niedersten Emotionen konfrontiert werden. Indien wird ihn nach seiner Reise für ewig abschrecken oder er wird es immer wieder aufsuchen. Süchtig nach den Widersprüchen, der immensen Vielfalt, der exotischen Buntheit, dem ewigen Chaos. Hermann Hesse war einer dieser Gefangenen Indiens. Er beschreibt die Wirkung des Landes so: »Wer einmal nicht nur mit den Augen, etwa als Luxusreisender auf einem Touristendampfer, sondern mit der Seele in Indien gewesen ist, dem bleibt es ein Heimwehland.«

Möge es dem geneigten Leser ein Sehnsuchtsland werden, aus dem er reich an Erfahrungen und Eindrücken zurückkehrt.

Geschichte

Frühgeschichte, Hindureiche und Mogulherrschaft

Die älteste bekannte Zivilisation auf dem indischen Subkontinent und eine der ältesten Hochkulturen der Welt war die Indus-Tal Zivilisation. Ihre Geschichte reicht mindestens 4.000 Jahre zurück. Man nimmt an, dass diese Kultur schon vor dem Einfall der Indoarier untergegangen war, die um 1500 v. Chr. aus Zentralasien nach Nordindien eindrangen. Wissenschaftlich umstritten ist, ob die Urbevölkerung Indiens, die Draviden, von den Ariern unterworfen wurden oder erst nach den Ariern einwanderten und sich in Südindien mit der einheimischen Bevölkerung vermischten.

Im Laufe der Jahrhunderte (ca. 1000-600 v. Chr.) rückten die Arier immer weiter ins Land vor und besiedelten die Gangesebene.

Die in Sanskrit verfassten Veden geben Auskunft über die Arier und deren Sitten und Gebräuche. Das Kastensystem entstand bereits in dieser Epoche, an deren Spitze sich die Brahmanen als Priester setzten. Den Machtanspruch der Brahmanen stellten die religiösen Reformbewegungen Buddhismus und Jainismus in Frage, die beide im 6. Jahrhundert gegründet wurden.

Das erste große und zentralistisch organisierte Hindukönigreich entstand im 3. Jahrhundert v. Chr. Dem bekanntesten Herrscher dieser Zeit, dem zum Buddhismus konvertierten Kaiser Ashoka, gelang es, das Reich zu konsolidieren und zugleich den ersten, auf friedfertiger Toleranz beruhenden, sozialen Wohlfahrtsstaat zu gründen. Nach seinem Tod verfiel das Reich in zahlreiche Einzelstaaten und seine vom Buddhismus inspirierte Staatsideologie wich zugunsten der wiedererstarkenden brahmanischen Orthodoxie.

In der Epoche vom 4. bis zum 13. Jahrhundert, die als goldenes Zeitalter hinduistischer Reiche in die Geschichte einging, konnte sich die Kunst und Kultur entfalten und einige der schönsten Bauwerke Indiens sind in jener Zeit entstanden. Diese Periode ist durch einen permanenten Wechsel der Herrscherfamilien und die politische Zersplitterung des Landes geprägt. Zugleich setzt sich in dieser Phase der Hinduismus als dominierende Religion durch, unter Beibehaltung der regionalen und lokalen Gottheiten.

Im Norden gelang es der Gupta-Dynastie ein prosperierendes Großreich zu errichten, das vom 4. bis zum 6.Jahrhundert n. Chr. währte. Das Reich wurde von einfallenden Hunnen zerschlagen und zerfiel in mehrere neue Machtzentren. Der Süden Indiens erlebte seine eigenen territorialen und dynastischen Konflikte. Die Chola-Dynastie ist das bekannteste Herrschergeschlecht Südindiens, auch weil es die tamilische Literatur durch gezielte Förderung zur Blüte brachte.

Ab Ende des 10. Jahrhundert drangen islamische Herrscher nach Nordwestindien ein und eroberten bis zum 13. Jahrhundert Delhi und die Ganges-Ebene. Die Sultane von Delhi dehnten ihren Herrschaftsbereich in den folgenden Jahren immer weiter nach Süden aus und bereiteten damit den Boden für das erste islamische Großreich auf dem indischen Subkontinent. Ein Ende fand dieses Sultanat schließlich durch fortlaufende Selbständigkeitsbestrebungen der ungeordneten Führer und den damit einhergehenden Konflikten mit der Bevölkerung.

Mit dem Einmarsch des Großmogul Babur im 16. Jahrhundert wurde der Grundstein für das zweite islamische Großreich gelegt. Unter dessen Enkel Akbar entstand ein Staat, der durch eine straffe, zentralistisch geführte Verwaltung geprägt war. Akbars Herrschaft (1556-1605) zeichnete sich durch einen stabilen Religionsfrieden zwischen Hindus und Moslems und religiöse Toleranz aus.

Im harten Gegensatz zur Herrschaftsweise Akbars stand die von Aurangzeb (1658-1707), dessen Politik zu einer tiefen Spaltung von Hindus und Muslimen führte. Bis zum Antritt seiner Regentschaft hatten sich beide Kulturen gegenseitig befruchtet, sowohl in architektonischen Stilrichtungen, als auch in der Medizin und im kulinarischen Bereich. Aurangzeb verfolgte eine islamisch fundamentalistische Politik und trieb einen Keil zwischen die Völkergruppen, indem er hinduistische Heiligtümer zerstören ließ. Dieses aggressive Vorgehen und hohe Steuerbelastungen der landwirtschaftlichen Bevölkerung führten zur Rebellion und letztlich auch zum Niedergang seines Reiches.

1739 endete die Herrschaft der Moguln über Indien und das Land zerfiel abermals in zahlreiche Kleinstaaten. Für die europäischen Kolonialmächte war die Zersplitterung des Landes eine geradzu ideale Voraussetzung, um ihre Expansionsbestrebungen nach Indien auszudehnen.

Europäische Kolonialherrschaft

Nachdem der portugiesische Seefahrer Vasco da Gama 1498 den Seeweg nach Indien entdeckt hatte, waren es zunächst die Portugiesen, die erste europäische Handelsniederlassungen an der Westküste Indiens errichteten und ein Jahrhundert lang das Monopol auf den europäischen Indienhandel besitzen sollten. Mit der Ankunft der Seefahrernationen England, Frankreich und Holland mussten die Portugiesen ihre Vormachtstellung in Indien aufgeben. Als im Jahr 1600 die britische East India Company das Monopol auf den britischen Indienhandel zugesprochen bekam, wurden im Laufe des folgenden Jahrhunderts strategische Handelsposten an bedeutenden Küstenstädten im Westen und Osten des Landes errichtet. Der Handel mit Gewürzen, Textilien und Tee florierte und machte die East India Company zu einem höchst profitablen Wirtschaftsunternehmen. Kriegerische Auseinandersetzungen zwischen den europäischen Kolonialmächten konnten die Briten für sich entscheiden und dadurch ihre Vormachstellung manifestieren.

Anfangs standen rein ökonomische Interessen im Vordergrund. Um das Handelsmonopol und die Ausbeutung der Rohstoffquellen auf längere Sicht zu garantieren, kamen im Laufe der Zeit machtpolitische Interessen dazu. Den Wendepunkt markierte das Jahr 1757, als der Nawab von Bengalen den britischen Handelsstützpunkt Kalkutta eroberte, allerdings ein Jahr später von den Briten vernichtend geschlagen wurde. Durch erfolgreiche Feldzüge in den folgenden Jahrzehnten bauten die Briten ihre Machtstellung entscheidend aus und drangen in alle Landesteile vor. Dabei beließen sie den Maharadschas ihre Unabhängigkeit, unterstellten diese aber faktisch der britischen Oberherrschaft. Nach der Strategie ›teile und herrsche‹ wurden sie an den Gewinnen beteiligt und die dadurch entstandenen, prunkvollen Paläste und Paraden der politisch einflusslosen Maharadschas jener Jahre haben entscheidend zum Bild des märchenhaften Indiens beigetragen.

Der Aufbau einer einheitlichen Verwaltung, der Ausbau des weit verzweigten Eisenbahnnetzes und die Einführung eines Rechts- und Bildungswesens werden noch heute als positive Errungenschaften aus der Kolonialzeit eingestuft. Dabei waren die negativen Folgen des Kolonialismus schwerwiegend: die massive Ausbeutung der Rohstoffquellen, die Benachteiligung einheimischer Händler, die Zerstörung traditioneller Berufszweige und zunehmende Arbeitslosigkeit und Massenarmut, um nur einige zu nennen.

Nach westlichem Vorbild wurden Hochschulen geschaffen, um Inder in Funktion als Beamte, Juristen und Lehrer als stabilisierende Faktoren der Kolonialherrschaft einzusetzen. Dieses Kalkül ging allerdings nicht auf, denn gerade die Absolventen jener Hochschulen wandten sich als erste gegen die britische Vormachtstellung und stellten die führenden Köpfe der Unabhängigkeitsbewegung.

Der Freiheitskampf

Zum ersten organisierten Widerstand kam es 1857, als große Teile der britisch-indischen Armee gegen die Kolonialmacht revoltierten. Obwohl die Aufständischen zahlenmäßig weit überlegen waren, wurde die Revolte niedergeschlagen. Als Konsequenz daraus wurde die East India Company entmachtet und Indien direkt der britischen Krone unterstellt. Königin Victoria ließ sich 1876 zur Kaiserin von Indien krönen und der Generalgouverneur wurde zum Vizekönig berufen. Währenddessen formierten sich in der indischen Oberschicht die Ideen von Demokratie, Mitbestimmung und Nationalismus, was sich 1885 in der Gründung des Nationalkongresses, einer Vereinigung indischer Politiker zur Entwicklung Indiens, organisatorisch niederschlug. Zwar plädierte das gemäßigte Lager für eine langsame und schrittweise Demokratisierung, doch den radikaleren Strömungen ging dies nicht weit genug und sie forderten die sofortige, notfalls gewaltsame Befreiung von der britischen Fremdherrschaft. Alte hinduistische Traditionen sollten wiederbelebt werden, was letztendlich zum Bruch mit den Muslimen und 1906 zur Gründung der Muslim-Liga führte. Schließlich spaltete sich auch der Nationalkongress auf, zu tief war der Graben zwischen den gemäßigten und den radikalen Gruppen.

Als Mahatma Gandhi 1920 die Führung des Nationalkongress übernahm, konnte er die verschiedenen sozialen, religiösen und politischen Lager zusammenführen. Gewaltfreier Widerstand und Boykott der Zusammenarbeit mit den Briten waren Gandhis Schwerpunkte, die breite Zustimmung in der Bevölkerung fanden und die Idee des Freiheitskampfes zu einem Anliegen der Masse machte. Tausende Inder schlossen sich dem legendären Salzmarsch an und begannen an der Küste mit der Salzgewinnung, um das Monopol der Briten zu brechen.

Infolge der Protestaktion kam es zu Massenverhaftungen, Gandhi und auch Jawaharlal Nehru, der später der erste Premierminister des unabhängigen Indiens werden sollte, wurden als führende Köpfe der indischen Unabhängigkeitsbewegung inhaftiert.

Die ersten Wahlen 1936 bescherten der Kongresspartei einen überwältigenden Sieg, die Muslim-Liga unterlag haushoch. Das Wahlergebnis verunsicherte die Muslime, die in einem hinduistischen Staat ihre Identität bedroht sahen. Der Führer der Muslim-Liga, Mohammed Ali Jinnah, entwickelte 1940 die Zwei Nationen Theorie, nach der Hindus und Moslems unterschiedliche Nationen seien, und forderte einen eigenen moslemischen Staat Pakistan. Damit stellte er sich deutlich gegen Nehru und Gandhi, seine einstigen Kongressmitstreiter, nach deren Vorstellungen ein säkulares Indien alle ethnischen und religiösen Gruppen vereinen sollte.

Indiens Unabhängigkeit

Der Führer der Muslim-Liga Jinnah rief am 16. August 1946 den ›direct day‹ aus, um seiner Forderung nach einem muslimischen Staat Nachdruck zu verleihen. Es kam zu schweren Ausschreitungen und Massakern zwischen Hindus und Muslimen und Indien stand am Rande eines Bürgerkrieges. Der Druck auf die Briten wurde größer und entlud sich in einer überstürzten Entlassung Indiens in die Unabhängigkeit, initiiert von Lord Mountbatten und realisiert am 15. August 1947. Die Machtübergabe der Briten beinhaltete eine Teilung des Landes in ein muslimisches Pakistan und ein hinduistisches Indien. Die Grenzen wurden nach Religionszugehörigkeit der Bevölkerung gezogen. Diese Art der Grenzziehung ohne zu erwartende Konflikte durchzuführen war schlicht unmöglich. Zum einen gab es Gebiete mit eindeutigen religiösen Mehrheiten, genauso aber Landstriche mit gemischten Religionszugehörigkeiten und auch geographisch isolierte hinduistische und muslimische Minderheiten. An der westlichen und östlichen Grenze Indiens wohnten muslimische Mehrheiten und so entstanden West- und Ostpakistan, getrennt voneinander durch das hinduistische Indien. Bei dieser Aufteilung verblieb ein Drittel der muslimischen Bevölkerung in Indien.

Direkt nach dem offiziellen Startschuss in die Unabhängigkeit kam es zu Ausschreitungen, bei denen etwa 250.000 Menschen getötet wurden. In den darauf folgenden Tagen wurden die jeweiligen Minderheiten von gewalttätigen Gruppen angegriffen, vor allem in den geteilten Regionen Punjab und Bengalen fanden grausame Massaker statt. 12 Millionen Menschen beider Seiten mussten fliehen, insgesamt waren eine Millionen Tote zu beklagen. Die Grenzziehung war zur menschlichen Tragödie geworden.

Besonders schwierig gestaltete sich die Integration des Fürstenstaates Kaschmir im Nordwesten Indiens. Dort herrschte ein Hindufürst über eine überwiegend muslimische Bevölkerung. Er wollte ein unabhängiges Kaschmir und handelte ein Stillhalteabkommen mit Indien und Pakistan aus. Pakistan aber schleuste Truppen ein und der Regent Kaschmirs ersuchte Indien um militärische Unterstützung. Diese sollte der Fürst nur gegen die Zusage für einen Anschluss an Indien erhalten. Der Regent fügte sich und indische Truppen verteidigten Kaschmir. Die Kämpfe dauerten bis 1949 an, bis die Vereinten Nationen einen Friedensschluss vermittelten, der zur Zweiteilung Kaschmirs führte. Der Kaschmirkonflikt führte in den 70er Jahren zu einem atomaren Wettrüsten beider Staaten und noch heute ist die Region ein gefährlicher Krisenherd.

Indien war gerade ein halbes Jahr in die Unabhängigkeit entlassen worden, als der geistige und politische Führer der indischen Unabhängigkeit, Mahatma Gandhi, zum Opfer dieses Religionskonflikts wurde - am 30. Januar 1948 wurde er von einem fanatischen

Hindu erschossen. Anlass für seine Ermordung war die Forderung nach Ausgleichszahlungen an Pakistan, die Gandhi mit einem Fasten durchgesetzt hatte. Außerdem hatte sich Gandhi dafür ausgesprochen, Jinnah, den Führer Pakistans, als gesamtindischen Präsidenten einzusetzen, wenn dies die Teilung des Landes verhindern würde. Dieser Plan scheiterte und die Teilung blieb bestehen.

Die neue Verfassung der jungen Republik trat 1950 in Kraft. Die ersten freien Wahlen fanden 1952 statt, in denen die Kongresspartei als stärkste politische Kraft bestätigt wurde.

Ram, Akbar und Jagger

Von Martin Lehmann-Waldau

Ramlila ist so etwas wie die Weihnachtsgeschichte und die Ilias in einem. Eine Heldengeschichte von Göttern und Menschen, ein Grundstein der indischen Kultur. Sie ist auch absolut hinduistisch. In ihr kämpfen der Gott Ram und der Dämon Ravana um die perfekte Frau, die Göttin Sita.

Das ist alles furchtbar interessant und kann in Comics, Büchern, Fernsehserien und Filmen nachgesehen werden. In dieser Jahreszeit wird das Epos auch wieder live von Schauspielern auf Dorf- und Stadtbühnen dargeboten. Aus Lucknow kommt die Meldung, dass der Darsteller des Gottes Ram während der Aufführung eine kurze Pause macht, um auf dem Gebetsteppich seinen Gott Allah anzurufen. Ein Großteil der Darsteller des urhinduistischen Spektakels sind Muslime.

In der Zuschauermenge legt sich die anfänglich aufkeimende Unruhe wegen der Spielverzögerung schnell wieder, als klar wird, dass die Schauspieler beten.

Zeitgleich wird dem muslimischen Herrscher Akbar im Bergdorf Malana ein Tempel gewidmet, dem der fromme Moslem künftig als Hindu-Gottheit vorstehen wird. Das Schaf, das der Gottheit geopfert wird, wird nach muslimischer Art geschlachtet.

Die Dörfler berichten, dass Akbar ihr Dorf besucht hätte und der Dorfgottheit seine Dienste angeboten habe. Ob der Besuch stattfand, ist historisch unklar, aber die Auswirkung ist deutlich. Die Dorfbewohner haben Akbar in guter Erinnerung, war er doch ein Herrscher, der die Gemeinsamkeiten der Religionen gesucht hat. Ihn zur Schutzgottheit des Dorfes zu machen, ist dann ein logischer Schritt.

Auch die Ikonen der westlichen Welt werden in Indien freundlich aufgenommen. So ist Sir Mick Jagger zum Schutzpatron eines Festivals für Volksmusik aus Rajasthan geworden. Jagger selbst sagte in Jodhpur, weshalb er Indien schätzt: »Man sieht so viele Kulturen Seite an Seite in diesem Land.«

Rabindranath Tagore schrieb in einem Brief im Jahr 1921, dass die Idee ›Indien‹ dem Bewusstsein, dass ein Volk von einem anderen getrennt sein könne, diametral entgegengesetzt sei. »Ich glaube nicht«, sagt Tagore im selben Jahr in Stockholm in seiner Nobelpreisrede, »ich glaube nicht, dass der Geist Indiens irgendetwas ablehnt, eine Rasse, eine Kultur. Der Geist Indiens stand immer für das Ideal der Einheit.«

Und der Schauspieler Akshay Kumar lässt in ›Namaste London‹ die Engländer blöd aussehen, als er erklärt: »In unserem Land leben 80 % Hindus, die eine Christin zur Wahlsiegerin gemacht haben, die einen Sikh zum Premier haben und einen Muslim* zum Staatspräsidenten.«

* Abdul Kalam ist inzwischen turnusgemäß aus dem Amt geschieden.

Die Ära der Nehru- und Gandhifamilien

Jawaharal Nehru wurde zum ersten Premierminister des unabhängigen Indiens. Als einer der Führer der Unabhängigkeitsbewegung genoss er sowohl im Inland als auch im Ausland großes Ansehen. Der überzeugte Demokrat trat allerdings kein leichtes Amt an - die sozialen Probleme Indiens waren immens. Die durchschnittliche Lebenserwartung lag bei 42 Jahren, die Kindersterblichkeit bei 10 Prozent. Um den gewünschten sozialen Fortschritt zu erzielen, wurde eine Wirtschaft mit privat- und planwirtschaftlichen Elementen eingeführt, die nach sowjetischem Vorbild über Fünfjahrespläne gesteuert wurde.

In den 50er Jahren wurden Gesetze verabschiedet, um Landreformen und die Emanzipation der Frau durchzusetzen, beispielsweise durch das Verbot der Mitgift - umgesetzt wurden diese Reformen allerdings nur sehr eingeschränkt. Weiterhin wurden unter seiner Führung die Fürstentümer integriert, die immerhin fast ein Drittel des Staatsgebietes einnahmen, und die Grenzen der Staaten nach Sprachen neu gezogen.

Außenpolitisch war seine Amtszeit während des Kalten Krieges von einer globalen Neutralitäts- und Friedenspolitik geprägt. China besetzte 1962 weite Teile der indischen Himalayaregion Ladakh und es kam zum indisch-chinesischen Krieg, der mit einer schnellen Niederlage Indiens endete. Als Nehru 1964 starb, trauerten Millionen Inder um den Mann, der die Geschichte ihres Landes maßgeblich mitbestimmt hatte.

Nehrus Tochter, Indira Gandhi, wurde zwei Jahre später seine Nachfolgerin. Ihr Führungsstil war autoritär geprägt, ihre Maßnahmen auf Popularität ausgerichtet. Bei der Wahl 1971 verschaffte sie der Kongresspartei eine Zweidrittelmehrheit. 300 Massenveranstaltungen und das Wahlkampfmotto der Armutsbekämpfung hatten die Wähler überzeugt. Im ersten Regierungsjahr schloss sie einen Freundschaftspakt mit der Sowjetunion und gab dadurch die strikte Linie der Neutralitätspolitik ihres Vaters auf. Als in Ostpakistan Proteste gegen die ökonomische, politische und militärische Herrschaft Pakistans aufflammten, ließ Pakistan die Proteste gewaltsam niederschlagen. In der Folge flohen 10 Millionen Muslime nach Indien. Indira Gandhi schickte Truppen und Pakistan kapitulierte. Aus Ostpakistan entstand der neue Staat Bangladesh.

Anfang der 70er Jahre führten eine Wirtschaftskrise, Streiks und Protestbewegungen gegen die Misswirtschaft der Kongresspartei zu Unruhe im Land. Indira Gandhi setzte auf Repression und rief 1975 den Notstand aus. Hunderttausende, vor allem Oppositionspolitiker, Journalisten und Anwälte wurden inhaftiert, die Pressefreiheit massiv eingeschränkt. Der Wandel von der größten Demokratie der Welt zur Diktatur war vollzogen.

Die Repressionen wurden noch massiver, als ihr jüngster Sohn Sanjay politische Machtbefugnis erhielt. Slums widersprachen seiner Vorstellung eines zivilisierten Indiens und wurden in einer Hau-Ruck-Aktion entfernt. Bulldozer zerstörten die Slumhütten und machten Zehntausende auf einen Schlag obdachlos. Um das Problem der Überbevölkerung zu lösen, hatte er ein einschneidendes Konzept parat: Jeder Bundesstaat erhielt einzuhaltende Sterilisationsquoten und Millionen Menschen wurden sterilisiert, die meisten unter Zwang.

Diese Maßnahmen ließen die Popularität der Kongresspartei schwinden. Bei den Wahlen 1977, die Indira Gandhi sicher zu gewinnen glaubte, erlitt sie eine klare Niederlage und die Janata Partei, ein Bündnis aus fünf Oppositionsparteien, übernahm die Regierungsgeschäfte. Parteiinterne Auseinandersetzungen wurden zum Hauptproblem dieser Koalition und bei den Wahlen 1980 kehrte Indira Gandhi an die Spitze der Regierung zurück. Diese zweite Regierungsphase wurde vor allem durch die separatistischen Bewegungen der Sikhs im nordöstlichen Punjab geprägt, die einen eigenen Staat forderten: Khalistan.

1984 erreichte diese Rebellion ihren Höhepunkt und die Terroristengruppe um den Anführer Bhindranwale verschanzte sich im religiösen Heiligtum der Sikhs, dem goldenen Tempel von Amritsar. Indira Gandhi reagierte mit der ›Operation Blue Star‹ und ließ den goldenen Tempel von indischen Sondereinheiten stürmen. Hunderte Sikhs, darunter ihr Anführer, wurden bei dieser Offensive getötet.

Wenige Monate später erhielt Indira Gandhi die blutige Antwort auf diese Militäraktion und wurde von zwei ihrer Sikhs-Leibwächter aus Rache erschossen. Auch diese Tat blieb nicht ungesühnt; in den folgenden Tagen wurden Tausende Sikhs von aufgebrachten Hindus auf offener Straße ermordet. Um weitere Ausschreitungen zu vermeiden und die aufgebrachte Stimmung im Land zu besänftigen, wurde Indiras zweiter Sohn Rajiv zu ihrem Nachfolger erklärt. Indira Gandhi hatte Rajiv zu ihrem politischen Erben aufgebaut, da ihr favorisierter Sohn Sanjay bei einem Flugzeugunglück 1980 ums Leben gekommen war. Ihr politisches Kalkül der Machtübergabe innerhalb der Nehru-Gandhi Familie war post mortem aufgegangen.

Als mit Rajiv Ghandi 1984 erstmals ein Vertreter der jüngeren Generation die politische Bühne betrat, setzten vor allem die jüngeren Inder große Hoffnungen auf einen grundlegenden Wandel. Bei seinem Amtsantritt versprach er, Indien in das 21. Jahrhundert zu führen. Die Öffnung der Wirtschaft, die Einführung neuer Technologien und eine grundlegende Modernisierung Indiens waren die Hauptziele seiner Politik.

Letztlich profitierte allerdings nur die wachsende Mittelschicht von seinen Reformen, für die überwiegend ländliche Bevölkerung verbesserte sich die Situation nicht und die Unabhängigkeitskämpfe in den Krisenherden Kaschmir und Punjab flammten erneut auf. Die Aufdeckung eines Bestechungsskandals des schwedischen Rüstungskonzerns Bofors, der hochrangige Politiker der Kongresspartei mit monetären Leistungen zur vorteilhaften Vergabe eines Waffenauftrages bewegt hatte, schmälerte das Ansehen Ghandis weiter und kostete der Kongresspartei in den folgenden Wahlen 1988 die Mehrheit. Das notgedrungen eingegangene Bündnis mit der Janata Partei, geführt unter Ministerpräsident V. P. Singh, war allerdings ebenfalls nicht von Erfolg gekrönt und führte 1991 zu Neuwahlen, bei denen sich Rajiv Gandhi erneut zur Wahl stellte.

Bei einer Wahlkampfveranstaltung wurde er von einem Mitglied der tamilischen Befreiungsorganisation ›Tamil Tigers‹ getötet, die er sich durch die Entsendung indischer Truppen ins nach Unabhängigkeit strebende Sri Lanka zu Feinden gemacht hatte. Da seine Witwe, die Italienerin Sonia Gandhi, nicht bereit war, das politische Erbe anzutreten, endete mit seinem Tod, zumindest vorerst, die Jahrzehnte andauernde Herrschaft der Nehru-Gandhi Dynastie.

Entwicklungen seit den 90er Jahren

Unter P. V. Narasimha Rao leitete die neue Kongressregierung 1991 die Öffnung Indiens für den Weltmarkt ein. Anlass der Abkehr von der sozialistisch geprägten Planwirtschaft war eine Finanzkrise, die Indien an den Rand der Zahlungsunfähigkeit brachte. Durch diese neoliberale Politik wuchs die Mittelschicht weiter an, während sich die Situation der armen Schichten verschlechterte. Dies führte zu gesellschaftlichen Konflikten, die sich im Erstarken des Hindunationalismus und der Partei BJP (Bharatiya Janata Party) ausdrückten. Die Auseinandersetzung um eine anstelle eines Hindutempels errichtete Moschee in Ayodha beherrschte die innenpolitischen Streitfragen. Als 1992 extremistische Hindus diese Moschee zerstörten, kam es unmittelbar zu schweren Ausschreitungen.

Die hindunationalistische BJP führte von 1998 bis 2004 eine Regierungskoalition an und stellte den Premierminister A. T. Vajpayee. Er führte die liberale Wirtschaftpolitik zwar weiter fort, doch seine pro-hinduistisch ausgerichtete Politik stand ganz im Zeichen der Hindutva-Bewegung, welche die Hinduisierung Indiens zum Ziel hat.

Völlig überraschend unterlag die BJP, die sich den IT-Boom, den wirtschaftlichen Aufschwung und eine friedliche Koexistenz mit dem Erzfeind Pakistan auf die wahlkämpferischen Fahnen geschrieben hatte, bei den Wahlen 2004. Der Wahlausgang war eine enttäuschte Antwort der ärmsten Schichten, deren Lage sich nicht verbessert hatte und die sich mit der Kampagne der Regierungskoalition ›India is shining‹ nicht identifizieren konnten. Die Kongresspartei mit dem Motto ›Pani, Bijli, Sadak‹ (›Wasser, Strom, Infrastruktur‹) erlangte einen erdrutschartigen Sieg, doch Sonia Ghandi, die Witwe des ermordeten Rajiv Ghandi, verzichtete nach Protesten der Opposition wegen ihrer italienischen Abstammung auf das Amt der Premierministerin. Sie wurde Vorsitzende der Kongresspartei, als Premierminister wurde der Wirtschaftsexperte Manmohan Singh eingesetzt.

Seitdem hat sich Indiens weltpolitische Rolle verändert und Indien erhebt Anspruch auf einen ständigen Sitz im UN Sicherheitsrat. Zu den wichtigsten Themen gehören die Beziehung zu Pakistan und die Kaschmirfrage. Die angestrebte Annäherung der beiden verfeindeten Atommächte der letzten Jahre steht auf keinem soliden Boden und ist immer wieder Störungen unterworfen. Die fundamentalen Probleme Indiens, Armut und Überbevölkerung bei zunehmender Umweltverschmutzung, sind ungelöst. Terroranschläge islamischer Terroristen und Auseinandersetzungen, die von Extremisten verschiedener Parteien und Religionszugehörigkeiten geschürt werden, sind innenpolitische Herausforderungen, denen die indische Regierung weithin ohnmächtig gegenübersteht.

»I'd rather have a dog visiting my house than a politician«

Reaktionen auf die ›Attacke auf Mumbai‹

Von Martin Lehmann-Waldau

Die Menschen in Indien sind wütend. Wie konnte das passieren, fragen sie. Was macht unsere Regierung, um uns zu schützen?

20.000 Leute waren gestern in Mumbai auf der Straße, um gegen Terror, aber auch ihre eigenen Politiker zu demonstrieren. Niemand hatte zu dieser Kundgebung aufgerufen, keine Organisation oder Partei führte die Menschen an. Per SMS und auf Internetforen hat man sich verabredet. Die Bürger haben genug von den üblichen Reaktionen ihrer Politiker, denen sie nicht mehr vertrauen. Die Überschrift zu diesem Beitrag stammt von einem Plakat, das auf dieser Demo zu sehen war.

Verwunderlich ist diese Reaktion nicht, gab es doch bisher nur im Irak mehr Todesopfer bei Terroranschlägen als in Indien. Der inzwischen zurückgetretene Innenminister Shivraj Patil hat noch am 16. November in Chandigarh verkündet, die Sicherheitssituation im Land sei ›sehr gut‹. Die Times of India berichtet am 3. Dezember, dass der Küstenstaat Maharastra seine vier Patrouillenboote seit 1995 nicht eingesetzt hat, weil der Staat die Wartungskosten nicht übernehmen wollte. Die Boote sind inzwischen seeuntauglich. Ähnliche Meldungen kommen aus den anderen Küstenstaaten. Während ich selbst aufgrund meines für Touristen unüblichen Verhaltens in Arunachal Pradesh ins Visier des Central Bureau of Investigation gerate, passiert ähnlicher Unsinn auch dem FBI. Die Experten kommen am 30. November in Mumbai an und haben besondere Untersuchungsgeräte bei sich. Aufgrund schlechter Kommunikation zwischen Außenministerium und Flughafenbehörden wird das Team erst einmal festgesetzt.

Kommunikationsprobleme und unklare Kommandostrukturen werden für die Fehler der indischen Terrorabwehr verantwortlich gemacht, darin sind sich die Sicherheitsexperten und langjährigen Berichterstatter Rahul Bedi und Praveen Swami einig. Es sei im Krisenfall völlig unklar, wer ›in charge of the situation‹ ist. Rajiv Desai bringt die Stimmung im Land in seinem Kommentar in der TOI vom 4. Dezember auf den Punkt: »They have failed us - India's political class is not up to the job«. Er wirft den Politikern vor, sich nur von kurzfristigen Wahlerfolgen leiten zu lassen. Korruption und Inkompetenz seien weit verbreitet. Interessant ist, dass in den Tagen seit den Ereignissen in Mumbai die Meinungsführer der Parteien komplett untergetaucht sind. Man hört nichts von Mayawati, Raj Thakeray, Narendra Modi und Amar Singh, die allesamt noch die letzten Wochen ständig mit kernigen Sprüchen in den Medien präsent waren.

Auch Fareed Zakaria von Newsweek India sieht das Hauptproblem in der mangelnden Verwaltungskompetenz der Regierung. Während der private Sektor boomt und immer dynamischer und effizienter wird, bliebe die Verwaltung und Regierung weit dahinter zurück. Mit Ausnahme der Armee und der Anti-Terror-Einheiten sei die Regierung ›dysfunctional‹ und ›simply not up to the challenge it now faces‹. Prabhu Chawla von India Today weist darauf hin, dass seit Dezember 2001 in Indien 1.202 Menschen bei 23 Terroranschlägen getötet wurden. Dreimal sind die Terroristen getötet worden, aber in allen anderen Fällen wurde entweder niemand verhaftet oder niemand verurteilt. »Still, we are not ashamed. And still, we are lining up to be killed.«

Der Ärger und die Frustration vibrieren im ganzen Land. Sumit Ganguly, Direktor des Center on American and Global Security der Indiana University, sieht die Fehler der Regierung in drei Punkten: Man habe es versäumt, internationale Aufmerksamkeit für Indiens Opferrolle im Terror zu erreichen. Institutionelle und organisatorische Veränderungen sind nicht durchgeführt worden. Und schließlich wolle man aus politischen Gründen nicht zugeben, dass das Terrorproblem zumindest teilweise auch auf interne Ursachen zurückzuführen sei. Fareed Zakaria warnt davor, dass die Probleme Afghanistans, Pakistans,

Indiens und Bangladeshs jetzt ineinander zu verschmelzen beginnen. Es bestünde ein regionales Problem, das nur regional zu lösen sei.

Der Chefredakteur vom Indian Express, Shekhar Gupta, kommt zu einem sehr ernüchternden Ergebnis: »India's democracy has always been it's strength. But in recent years, it's politics have become a deadly weakness. The result has been one stunning terrorist success after another.«

Wird sich also nach den Ereignissen in Mumbai etwas grundsätzlich ändern? Sir Mark Tully, der ehemalige Chef des BBC-Büros in Delhi, glaubt nicht daran. Politische Einmischungen seien schon immer das Hauptproblem der indischen Sicherheits- und Nachrichtendienste gewesen. Auch bei einer neuen Institution, wie sie jetzt vom Premierminister Dr. Manmohan Singh versprochen wird, würden sich diese Gewohnheiten nicht ändern. »Indians, once they are back in calm waters, tend to ignore the storm and so don't wake up to the problems which created it.«

Aber die Leute auf der Straße wollen nicht so schnell vergessen. Landesweit kursieren SMS mit einer sarkastischen Portion Galgenhumor: »Incredibly unsafe India« (»Unglaublich unsicheres Indien«). Die staatliche Tourismusbehörde hat ihre Werbekampagne »Incredible India« (»Unglaubliches Indien«) bereits eingestellt und sucht verzweifelt nach Alternativen.

Konflikte zwischen Moslems und Hindus

In den 90er Jahren hat sich eine Art Hindu-Fundamentalismus ausgebildet, der eine einheitliche Hindukultur (Hindutva) durchsetzen will. Radikale Gruppen wie die Organisation Shiv Sena (Shivas Armee) negieren das Existenzrecht anderer Religionen und versuchen, Auseinandersetzungen anzuheizen. Der politische Arm dieser Bewegung ist die Partei BJP, die den Sturm fanatischer Hindus auf die Moschee in Adyodha 1992 unterstützte. Hindu-Nationalisten zerstörten damals die Babri-Moschee in Ayodhya im Bundesstaat Uttar Pradesh, etwa 700 Kilometer östlich von Neu-Delhi. Die Fanatiker beanspruchten den Ort der im Jahre 1528 errichteten Moschee als ursprünglichen Standort eines Rama-Tempels, der von den muslimischen Eroberern zerstört worden war.

Sicherheitskräfte vor Ort ließen die fanatischen Hindus gewähren, als direkte Folge entlud sich eine Welle der Gewalt mit zweitausend Toten, mehrheitlich Muslimen.

Im März 1993 rächte sich eine Gruppe radikaler Muslime, indem sie zehn Bomben in Mumbai explodieren ließ und damit eine neue Dimension des Terrors in Indien schaffte. Als 2002 jugendliche Muslime einen von Adyodha kommenden Zug angriffen, entluden sich pogromartige Ausschreitungen an Muslimen, die von der Landesregierung gebilligt wurden. 2006 kam es zu ähnlichen Ausschreitungen in Baroda.

Muslimische Terrorgruppen agieren mit Bombenattentaten, Ziele sind in der Regel Hindutempel, Märkte oder Züge. Meist sind es Aktionen von muslimischen Terrororganisationen, deren Basis im Nachbarland Pakistan vermutet wird.

Im November 2008 kam es erstmals zu Attentaten, bei denen Ausländer im Visier der Terroristen standen. Bei Angriffen auf zwei Luxushotels, das Jüdische Zentrum, einen Bahnhof und weitere Ziele wurden offiziellen Angaben zufolge 172 Menschen getötet. Die Attentäter gaben in einer TV-Botschaft an, unter anderem Rache für die Zerstörung der Babri-Moschee nehmen zu wollen. Als Drahtzieher wird die Terrorgruppe ›Lashkar-i-Toiba‹ (›Armee der Frommen‹) verdächtigt. Die radikalislamischen Rebellen kämpfen gegen die indische Herrschaft in Kaschmir, der zwischen Pakistan und Indien umstrittenen Grenzregion, um die beide Atommächte bereits drei Kriege führten. Die Gruppe Lashkar-i-Toiba, der Verbindungen zum pakistanischen Geheimdienst nachgesagt werden, ist seit 2002 sowohl in Indien, als auch in Pakistan verboten.

Indiens Politiker fordern nun eine bessere Ausbildung und Ausrüstung der Einsatzkräfte, allerdings können sie damit das eigentliche Problem, die sozialen Spannungen im Vielvölkerstaat

Indien, nicht beheben. Muslime und Inder leben und arbeiten zwar miteinander, doch gleichberechtigt sind die Muslime nicht. Der soziale Aufstieg ist für sie kaum möglich und nur selten gehören sie zur Oberschicht. Die reichen Muslime haben nach der Teilung des Landes 1947 Indien Richtung Pakistan verlassen und Millionen muslimische Inder wurden Pakistaner. Zu großen Teilen blieben arme muslimische Bevölkerungsschichten zurück, deren Nachfahren nun über Diskriminierung klagen. Innerhalb des Kastensystems, das noch immer die indische Gesellschaft prägt, rangieren die Muslime weit unten.

Die muslimische Mittelschicht des Subkontinents lebt dagegen in Pakistan. Nach Meinung indischer Beobachter neidet diese Mittelschicht als auch die pakistanische Regierung und der Geheimdienst ISI Indien den wirtschaftlichen Erfolg. Dies sei ein wesentliches Motiv für die Terrorangriffe auf Indien. Dabei wird verschwiegen, dass Pakistan selbst immer häufiger Opfer terroristischer Anschläge wird.

Interview mit Colonel Mahendra Pratap Choudhary

Andrea Glaubacker

Colonel Mahendra Pratap Choudhary gründete 1982 Indiens erste Antiterroreinheit ›Black Cat‹ (NSG). Er leitete das Sondereinsatzkommando während der berüchtigten ›Operation Blue Star‹, bei der im Juni 1984 der goldene Tempel in Amritsar, in dem sich radikale Sikh Separatisten verschanzt hatten, gestürmt wurde und rettete im Alleingang das Leben des indischen Präsidenten Giani Zail Singh. Dafür erhielt er die höchsten Auszeichnungen des Landes. Er leitete zahlreiche Einsätze und trainierte Antiterror-Sondereinheiten.

Colonel M. P. Choudhary ist auch im Ruhestand als Antiterrorexperte gefragt und als Berater für Unternehmen wie Reliance Industries, Reliance Petroleum, die Oberoi und Ambassador Hotels, Stock Exchange Mumbai und Tata Power Mittals tätig.

AG *Seit wann gibt es Bombenattentate in Indien und was war der ursprüngliche Auslöser?*

CC Vor den 90ern war es relativ friedlich. Erst nach dem Sturm der Babri Moschee* und den darauf folgenden Ausschreitungen in Gujarat und in Bombay begannen die Bombenattentate. Zahlreiche Moslems waren bei den Ausschreitungen gestorben und als Folge kam es am 12. März 1993 in Bombay zur ersten Bombenserie, die von muslimischen Terroristen als Racheakt durchgeführt wurde. Bombay als wirtschaftliche Metropole ist seitdem eines der vorrangigen Anschlagsziele und Indien ist eines der Länder der Erde mit den meisten Bombenanschlägen.

AG *Zum einen agieren muslimische Terrorgruppen in Indien und auf der anderen Seite gibt es in Indien ge-*

* 1992 zerstörten radikale Hindus die Babri Moschee in Ayodhya mit der Begründung, die Moschee aus dem 16. Jhd. sei auf den Ruinen eines Hindutempels errichtet worden. Dies wiederum verursachte Ausschreitungen zwischen Muslimen und Hindus, bei denen mehr als 2.000 Menschen, vorwiegend Muslime, den Tod fanden. Im März 1993 rächte sich eine Gruppe radikaler Muslime und verübte Bombenattentate in Mumbai.

walttätige Ausschreitungen von Hinduextremisten gegen Moslems.

CC Es gibt einige Parteien, die sich Popularität durch Ausgrenzung von Minderheiten verschaffen möchten. Das betrifft nicht nur Moslems, das geht auch auf Kosten anderer Gruppen in Indien. Es gibt Parteien wie die BJP, die als Hindunationalisten gegen Moslems in Indien agieren. Was die militanten hinduistischen Gruppen anbelangt, so gibt es die ›Shiv Sena‹ und andere gewaltbereite Gruppen, aber die agieren ohne Bomben. Die Bombenattentate werden von den muslimischen Fundamentalisten durchgeführt. Ich benutze ganz bewusst die Formulierung ›muslimische Fundamentalisten‹, denn 95 Prozent der Moslems sind friedliebende Menschen. In einigen Teilen der Gesellschaft herrscht die Meinung vor, Moslems sollten nicht zu viel Einfluss in unserem Land haben. Die Ausschreitungen gegen Moslems sind von politischer Seite initiiert. Dabei werden Moslems getötet, und dann gibt es wieder Moslems, die ebenfalls Aufstände organisieren und Hindus ermorden. Das funktioniert auf beiden Seiten. Auf Vergeltung folgt Vergeltung.

AG *Gibt es auch eine hinduistische Terrorgruppe, die in oder von Pakistan aus operiert?*

CC Soweit ich weiß, gibt es keine hinduistische Terrorgruppe, die in Pakistan operiert. Welche Bomben auch immer in Pakistan explodieren, sie sind das Werk von Al-Qaida, Taliban und anderen fundamentalistischen Kräften, die die Demokratie in Pakistan bekämpfen.

AG *Sie als Experte für Terrorismus - wie schätzen Sie die Rolle der pakistanischen Regierung bezüglich der Terrorangriffe in Indien ein?*

CC Es ist eine Tatsache, dass Pakistan den Terrorismus benutzt, um seine Ziele durchzusetzen. Das wird Ihnen der britische MI5 oder 6, das FBI, die CIA oder der Geheimdienst jedes anderen Landes bestätigen. Pakistan unterstützt heimlich die Taliban und Al-Qaida ähnliche Gruppen, während es vorgibt, die fundamentalistischen Kräfte im Land zu bekämpfen. Pakistan befehligt fundamentalistische Gruppen und außerdem hat ein Flügel des ISI, des pakistanischen Geheimdienstes, permanent Kontakt zu den Terrorgruppen.

AG *Die pakistanische Regierung unterstützt die Terrorgruppen?*

CC Natürlich weiß die Regierung Bescheid. Sie weiß ganz genau, wo sich die terroristischen Gruppierungen aufhalten. Wenn die pakistanische Armee wollte, könnte sie die Terroreinheiten zerschlagen. Doch fundamentalistische Kräfte sind auch in der pakistanischen Armee aktiv. Es ist also sehr schwierig für die pakistanische Armee, geschlossen gegen die Terroristen vorzugehen.

AG *Operieren Al-Qaida und andere Terrorgruppen von Pakistan aus?*

CC Sie operieren von Pakistan aus und verstecken sich in den Bergen.

AG *Hat sich in den letzten Jahren etwas verändert?*

CC Eigentlich nicht. Die Häufigkeit der Bombenattentate hat vielleicht etwas abgenommen, weil die finanzielle Unterstützung geringer ist, da demokratische Kräfte versuchen, Einfluss zu nehmen und sich der finanziellen Unterstützung der extremistischen Gruppierungen widersetzen.

AG *Denken Sie, dass das Problem des islamischen Terrors jemals gelöst werden kann?*

CC Nein, ich denke nicht, da nun Terroristen auf der ganzen Welt ihre Religion, den Islam, in Gefahr sehen und ihr heiliges Buch, den Koran, den Dschihad und den Islam falsch interpretieren, nur um ihre eigenen Ziele zu erreichen.

AG *Und was eine Lösung des Kaschmirkonflikts anbelangt?*

CC Was das betrifft, wollen wir nach wie vor den Westteil Kaschmirs integrieren, der nun Teil Pakistans ist. Aber das ist nicht einfach. Unser Premierminister Jawaharlal Nehru hat im Jahr 1947 unglücklicherweise einen Fehler gemacht. Hätte er damals nicht die UN einbezogen, hätte die indische Armee ganz Kaschmir unter ihre Kontrolle gebracht. Wir hatten kein Interesse an Pakistan, aber wir hätten Kaschmir zurück erkämpfen sollen. Jetzt ist es nahezu unmöglich, diesen Teil des Landes wieder zurückzubekommen.

AG *In den USA und Europa hatte man den islamischen Terror vor dem 9/11 nicht als Bedrohung für die eigenen Länder eingeschätzt. Hat man in Indien die Möglichkeit gesehen, dass sich der moslemische Terror nach Europa oder in die USA ausweiten könnte?*

CC Seit 1982, sogar noch früher, noch bevor der Punjab Terrorismus 1981/82 aufkam, haben wir die Vereinigten Staaten, Kanada und Großbritannien davor gewarnt, dass sie aus Indien fliehenden Terroristen Unterschlupf gewähren, die dann von ihren Ländern aus operieren können. Unglücklicherweise haben sie unser Problem mit dem Terrorismus als ein internes Problem zwischen uns und Pakistan und als ein religiöses Problem gesehen. Sie haben unseren Warnungen einfach nicht geglaubt. Die Anschläge geschahen ja auch räumlich weit von ihnen entfernt. Als sich aber 9/11 ereignete und dann in London Bomben in Zügen und Bussen gezündet wurden, realisierten sie, dass wir ihnen eine korrekte Einschätzung mitgeteilt hatten. Und übrigens, dies hat solche Dimensionen angenommen, dass heutzutage überall Bomben explodieren können. Denn jetzt ist Al-Qaida eine Art Glauben geworden, sie hängen nicht länger von der Unterstützung von Osama Bin Laden und Aiman Az-Zawahiri, seiner Nummer zwei, ab.

AG *Zu einem anderen Thema - 1984 hatten sich radikale Sikhs mit ihrem Anführer Jarnail Singh Bhindranwale im goldenen Tempel, dem höchsten Heiligtum der Sikhs, verschanzt. Ziel der Separatisten war ein eigener Sikh Staat: Khalistan. Die indische Armee stürmte in der berüchtigten ›Operation Blue Star‹, deren Sondereinsatzkommando Sie befehligten, den goldenen Tempel und zerschlug die Bewegung. Die Entweihung des Heiligtums erzürnte selbst moderate Sikhs, und noch im gleichen Jahr wurde die damalige indische Ministerpräsidentin Indira Gandhi von zwei Sikh-Leibwächtern erschossen. Als Reaktion darauf brachen in Delhi Pogrome gegen die Sikh-Minderheit aus. Der indischen Regierung muss bewusst gewesen sein, dass die Stürmung des goldenen Tempels und das Einschreiten der indischen Armee gegen die separatistischen Sikhs in einem Blutvergießen enden würde.*

CC 1980 heizte Pakistan den Konflikt im Punjab an. Pakistan ging davon aus, die Sikhs würden sich gegen Indien erheben und Indien würde weiter aufgeteilt und dadurch geschwächt. Die Sikh Terroristen hatten also die Unterstützung Pakistans, und es gab den starken Wunsch nach einem eigenen Sikh Staat. Im goldenen Tempel sollte nun der Staat Khalistan ausgerufen werden. Der Tempel selbst glich eher einer Festung, mit all den Terroristen und Maschinengewehren. Sobald die indische Regierung mitbekam, dass der Staat Khalistan ausgerufen werden sollte, war es wichtig, schnell zu reagieren, nämlich bevor der Staat ausgerufen werden würde - und so wurde die indische Armee in Marsch gesetzt. Denn wenn Khalistan einmal ausgerufen worden wäre, hätte Pakistan Khalistan sofort anerkannt und dann wäre daraus eine internationale Angelegenheit der Vereinten Nationen geworden. Das hätten wir nicht verhindern können.

AG *Denken Sie nicht, die Rebellen hätten aufgegeben, da sie nur begrenzt Nahrungsmittel hatten, und dass man das Blutvergießen hätte vermeiden können?*

CC Auch wenn sie sich nur ein oder zwei Wochen hätten versorgen können, sie hätten Khalistan ausgerufen und wir hätten den Punjab verloren. Deshalb war es wichtig, sofort zu handeln.

AG *Wegen dieses Eingriffes wurde die damalige Premierministerin Indira Gandhi von ihren zwei Sikh Leibwächtern getötet. War es nicht sehr riskant, Sikhs als Leibwache zu beschäftigen?*

CC Es waren Leute aus dem Stab des Ministers für Sicherheit, die nach der Niederschlagung des Aufstandes weiterhin Sikhs als Leibwache von Indira Gandhi einteilten. Auch Indira Gandhi bestand darauf, dass Sikhs in ihrer Leibgarde waren. Man hätte sie nach dem Militäreingriff zumindest nicht mehr in ihrer unmittelbaren Nähe beschäftigen sollen. Und dann wurde sie umgebracht, das hätte verhindert werden können.

AG *Nach dem Mord an Indira Gandhi rächten sich Hindus an den Sikhs und es kam zu brutalen Massakern. Bis heute besteht der Vorwurf, die indische Armee hätte bewusst viel zu spät eingegriffen und den Mob gewähren lassen.*

CC Zunächst waren die Ausschreitungen gegen die Sikhs von politischer Seite initiiert. Sie sind nicht als Schlag der breiten Hindubevölkerung gegen die Sikhs zu sehen. Die Ausschreitungen wurden von der Kongresspartei organisiert, zu der Indira Gandhi ja gehörte. Und die Armee reagierte lange Zeit nicht, weil sie der Regierung untersteht. Man hätte die Armee sofort einschalten müssen, aber man hat es hinausgezögert. Als die Armee eingriff, war die Situation war bereits außer Kontrolle geraten.

AG *Es gab niemals eine offizielle Entschuldigung dafür.*

CC Die Prozesse gegen die beteiligten Politiker der Kongresspartei laufen bis heute. Aber da die Kongresspartei noch immer an der Macht ist, kann nichts gegen die damals Beteiligten unternommen werden.

AG *Bei dem Sturm des Tempels von Amritsar haben Sie dem Präsidenten Indiens das Leben gerettet und dafür höchste Auszeichnungen erhalten. Sie selbst wurden bei dieser Operation schwer verletzt. Wollen Sie kurz schildern, was sich genau zutrug?*

CC Das ist eine sehr lange Geschichte, aber ich versuche, sie kurz zu machen.

Der Präsident von Indien ist zugleich auch der oberste Befehlshaber der Armee, hat aber nur repräsentative Funktion. Zu jener Zeit war der Präsident ein Sikh namens Giani Zail Singh. Nach dem Aufstand der Sikhs und nachdem die Armee den Tempel gestürmt hatte, um die Ausrufung des Staates Khalistan zu verhindern und die Terroristen zu besiegen, machten die Sikh-Terroristen, unterstützt von Pakistan, und die gesamte Sikh-Gemeinschaft den Präsidenten Indiens als obersten Befehlshaber der Armee dafür verantwortlich. Sie stießen ihn aus der Sikh-Gemeinschaft aus, mit der Begründung, er hätte den militärischen Eingriff verhindern können, was nicht stimmte, da nur die Regierung die Armee befehligen kann. Er war über den Ausschluss aus der Sikh-Gemeinschaft sehr unglücklich, wollte aber den Militärs für den Einsatz vor Ort Respekt zollen.

Der goldene Tempel ist für Sikhs der heiligste Ort, wie Mekka für die Moslems oder der Shiva Tempel in Benares für die Hindus. Er begab sich dort hin, obwohl sich noch einige Terroristen im Untergeschoss versteckt hielten. Dafür kritisiere ich die Armee, weil sie nicht informiert waren, dass noch einige Terroristen kampffähig waren. Die Terroristen kamen schließlich nach oben, angriffsfähig und mit funktionierendem Kommunikationssystem. Sie kidnappten einen unserer Ärzte und misshandelten ihn - sie schnitten ihm in die Hände und verbrannten sein Gesicht, während unsere Ärzte die verletzten Terroristen behandelten, stellen Sie sich das vor. Dann kamen die Terroristen wieder nach oben, weil sie gehört hatten, dass der Präsident da sei. Der Präsident stand in der Nähe des heiligsten Ortes des Tempels und sie begannen, auf ihn zu feuern.

Das war der Zeitpunkt an dem ich eingriff. Ich war gerade dabei gewesen, mich auf die Befreiung unseres Arztes vorzubereiten, aber als sie das Feuer auf den Präsidenten eröffneten, habe ich ohne zu zögern auf meine eigene Initiative hin eingegriffen. In den ersten beiden Räumen tötete ich einige Terroristen, im nächsten Raum wurde ich verwundet - aber da war die Gefahr für den Präsidenten bereits beseitigt. Für mich war es einfach die Ausübung meiner Pflicht, weil der oberste Befehlshaber der Armee und Präsident Indiens nicht verletzt werden darf, sonst verliert die Armee ihr Gesicht.

***AG** Colonel Choudhary, ich bedanke mich für das Gespräch.*

Gesellschaft

Demographie

Mit 1,1 Milliarden Einwohnern ist Indien nach China das bevölkerungsreichste Land der Erde. Die Bevölkerungsdichte beträgt 344 Einwohner pro km^2. Dabei gibt es extreme Schwankungen - in den fruchtbaren Gegenden der Flussdeltas und an regenreichen Küstenabschnitten wohnen bis zu 1.000 Einwohner pro km^2, in abgelegenen nordöstlichen Provinzen sind es lediglich 20 Bewohner auf derselben Fläche.

Indiens Bevölkerung wächst jährlich um etwa 15 Millionen, bereits 2045 wird Indien China in der Einwohnerzahl überrundet haben. Der enorme Bevölkerungszuwachs steht in direktem Zusammenhang mit der höheren Lebenserwartung, die von nur 42

Jahren im Jahre 1951 auf heute durchschnittlich 64 Jahre angestiegen ist. Die extrem hohe Geburtenrate trägt ihr Übriges dazu bei.

Die staatliche Familienpolitik propagiert das Modell der Kleinfamilie, doch solange Kinder zur Altersvorsorge notwendig sind und tradierte Frauenbilder weiterhin bestehen, in der viele Kinder, vor allem Jungen, Anerkennung bringen, wird diese Strategie scheitern müssen. In westlich geprägten Metropolen wie Mumbai oder Chennai hingegen sind Kleinfamilien in der Mittel- und Oberschicht längst keine Seltenheit mehr.

Indien hat einen hohen Anteil an jungen Menschen, und dadurch, im Gegensatz zu den überalternden westlichen Industrienationen, ein großes Potential für die wirtschaftliche Entwicklung des Landes. Über 32 Prozent der Bevölkerung sind jünger als 15 Jahre. Eine weitere demographische Besonderheit zeigt sich in einem deutlichen Männerüberschuss, der aus der Bevorzugung männlicher Nachkommen resultiert. Auf 1.000 Männer werden 927 Frauen gezählt.

Pluralität

Große ethnische und religiöse Vielfalt ist eines der herausstechendsten Merkmale Indiens. Die größte Bevölkerungsgruppe ist indoarischer Herkunft, sie sind Nachkommen eingewanderter Völker aus Zentralasien und stellen etwa 72 Prozent der Bevölkerung. Zweitstärkste Bevölkerungsgruppe sind die Draviden mit 25 Prozent, die hauptsächlich in den südlichen Bundesstaaten leben, während in den nordöstlichsten Gebieten mongolische Völker (3 Prozent) heimisch sind. Etwa 8 Prozent der Bevölkerung werden der indigenen Stammesbevölkerung zugeordnet. Diese Stämme unterteilen sich in knapp 700 verschiedene Gruppierungen, die unter dem Begriff Adivasi zusammengefasst werden.

Die ethnische, aber auch die sprachliche Vielfalt mit 21 Amtssprachen und über 80 weiteren Sprachen, neben den überregionalen Amtssprachen Hindi und Englisch, zeugen von der Historie des Landes, das als künstliches Staatsgebilde erst von den Briten kreiert wurde. Dass diese immense gesellschaftliche Vielfalt im Staat Indien zusammengehalten wird und nicht wie in anderen Vielvölkerstaaten zur Auflösung führt, lässt sich durch verschiedene Faktoren erklären. Auf politischer Seite wirken demokratische Ordnung und föderale Strukturen stabilisierend, auf ökonomischer Seite ist ein konstantes Wirtschaftswachstum förderlich. Untersuchungen zeigen, dass Staaten mit vielen relativ gleichwertigen Minderheiten weniger gefährdet sind, auseinander zu brechen. Insofern wirkt die gesellschaftliche Pluralität selbst stabilisierend.

Wie sagt man auf ›indisch‹?

Martin Lehmann-Waldau

Marjo gehört zum Stamm der Gallo, doch er lebt in der Landeshauptstadt Itanagar. Die Menschen dort verständigen sich in Hindi und Englisch. Seine eigene Sprache kennt der 28-jährige nicht. Er hat sich sehr gewundert, als letzten Monat ein amerikanischer Sprachwissenschaftler zu Besuch kam und perfekt Gallo sprach. Aus seiner Familie konnte sich nur der Vater mit dem Besucher unterhalten.

Diese Sprachsituation ist in Indien keine Seltenheit. In dem Land werden mehr als 80 Sprachen gesprochen, und dabei sind die Dialekte noch gar nicht mitgezählt. Selbst Angehörige desselben Volksstammes sprechen in gering auseinanderliegenden Landstrichen in völlig unterschiedlicher Weise. Hindi und Englisch schweißen das Land nicht nur im Nordosten zusammen.

Aktuell gibt es den Trend, die alten Sprachen zu erhalten. Junge Künstler, Musiker wie Autoren entdecken ihre Muttersprache wieder und verwenden sie mit neuem Selbstbewusstsein. Doch die bekannten, verbindenden Sprachen sind es, die durch ihre Verwendung selbst die größten Veränderungen erlangen. Auch wenn es die Handvoll Engländer nicht wahrhaben wollen, so ist doch für eine Milliarde Menschen ein ›Cylinder‹ eine Gasflasche zum Kochen und ›costly‹ besser als ›expensive‹.

Hindi ist vor der Verselbstständigung nicht gefeit und alte Wörter geraten in Vergessenheit. Amitabh Bacchan, der große Schauspieler und Spross einer Familie von perfekten Hindi-Sprechern, hat Probleme, seltene Worte richtig auszusprechen. In Bollywood werden die Skripte auf Englisch geschrieben, denn Menschen aus dem ganzen Land arbeiten daran mit. Hindi-Filme im engeren Sinne gibt es kaum mehr. Es ist eben Hinglish. Wer weiß da noch, was korrekt wie im Lehrbuch ist?

Sprachwissenschaftler ringen mit den Händen, Kommunikationsforscher reiben sie.

Armut

Überquellende Slums, Heerscharen von Bettlern und Elendsgestalten am Straßenrand - das sind gängige Indienbilder, die medial vermittelt werden, allerdings in der Realität differenzierter betrachtet werden müssen.

Richtig ist: Armut in Indien hat Massencharakter, über 300 Millionen Inder, etwa ein Drittel der Gesamtbevölkerung, leben in absoluter Mittellosigkeit und haben pro Kopf ein Einkommen von einem Dollar oder weniger zur Verfügung. Sie stellen ein Drittel der Armen weltweit. Allerdings ist die Zahl rückläufig. 1972 lebten noch über 51 Prozent der Inder in extremer Armut.

Über 70 Prozent der armen Bevölkerung lebt auf dem Land, sie sind hauptsächlich Kleinstbauern und Landarbeiter ohne eigenen Grundbesitz. Eine Missernte kann einer Bauernfamilie zum Verhängnis werden und sie in hohe Verschuldung und Schuldknechtschaft stürzen.

Eine Abwanderung in die Städte wird häufig als letzte Chance gesehen, einem elenden Leben zu entkommen. Dabei platzen die Metropolen bereits jetzt aus allen Nähten, ein Drittel ihrer Bewohner lebt in Slums und nur wenige Landflüchtlinge können ihre Lebensumstände tatsächlich verbessern. In Mumbai lebt nahezu die Hälfte der 16 Millionen Bewohner auf der Straße oder in Slums, allein eine Million Einwohner leben in Dharavi, dem größten Slum Asiens. Dieser Megaslum bildet einen eigenen Mikrokosmos, ist eine Stadt in der Stadt, mit einfachsten Unterkünften, Geschäften und kleinen Handwerksbetrieben wie Töpfereien und Gerbereien.

Die Mehrheit der städtischen Armen ist entgegen der verbreiteten Ansicht nicht arbeitslos, sondern arbeitet als Gelegenheitsarbeiter oder ist selbstständig im informellen Sektor, beispielsweise als Verkäufer auf Märkten und als Anbieter einfacher Dienstleistungen. Dazu gehören Schuhputzer, Eisverkäufer oder Scheibenputzer an Ampeln, aber auch weite Teile der Hausangestellten, Heimarbeiter und Kleinstunternehmer.

Die Kluft zwischen den armen und reichen Bundesstaaten hat sich in den letzten Jahren vertieft. Im Norden und Osten des Landes und in Zentralindien liegen die rückständigsten und ärmsten Regionen, weniger betroffen sind die südlichen Bundesstaaten, von denen Kerala mit hoher Alphabetisierungsrate und geringster Säuglingssterblichkeit als das Paradebeispiel gilt. Da sich private Investitionen aus dem In- und Ausland auf die Staaten mit besserer Infrastruktur, höherer Bildungsrate und stabilen politischen Verhältnissen konzentrieren, ist eine weitere Vertiefung der regionalen Unterschiede zu erwarten. Trotz des beachtlichen Wirtschaftswachstums in den letzten Jahren nimmt die Armut nur sehr langsam ab.

Malana - Untergang einer einmaligen Dorfkultur im Himalaya ?

Martin Lehmann-Waldau

Am 7. Januar 2008 wütete zum zweiten Mal innerhalb eines Jahres ein Feuer in einem kleinen 1.000-Seelen-Dorf des westindischen Himalayas. Das ist zwar bedauerlich, aber an und für sich nicht wahnsinnig interessant, werden Sie sagen, doch hat es damit noch mehr auf sich, als der erste Blick verrät. Denn gemeinhin geht der Verlust alter Kulturen schleichend vor sich, hingestreckt über einen Zeitraum, der das bewusste Wahrnehmen dahinsterbender Formen des Zusammenlebens sehr erschwert. In diesem Fall aber könnte es sich um das plötzliche Ende eines Aspektes des Himalayas handeln, der vielen noch in erlebter Erinnerung ist. Die Bergregion ist nämlich durch den Brand um eine ganz besondere Kultur ärmer. Es erscheint unwahrscheinlich, dass sich das ohnehin gefährdete, einmalige Zusammenleben der Dörfler von diesem Schlag noch einmal erholen wird.

Der Name des Dorfes ist Malana und es liegt auf ungefähr 2.600 m zwischen den Tälern der Flüsse Beas und Parvati. Über viele Jahre hinweg war es das Ziel von Anthropologen, Trekkern, Drogenschmugglern und Aussteigern. Gelegen in einem schwer zugänglichen Seitental, geschützt durch hohe Pässe und Steinschlag, zog es nur die Aufmerksamkeit weniger Menschen der Außenwelt auf sich. Jetzt hat sich der Vorhang gesenkt über das Dorf, denn in diesem Winter sind sowohl der einmalig mächtige, aus Holz geschnitzte Dorftempel sowie ein großer Teil der Wohnhäuser den Flammen zum Opfer gefallen. Starker Schneefall am darauffolgenden Tag hat zur Evakuierung der Mehrheit der Dorfbewohner geführt. Lange schon hatten die Dörfler gegen die Einmischung in ihre eigenen inneren Angelegenheiten durch die Regierung des Bundesstaates Himachal Pradesh, gegen Polizeirazzien und den immer weiter vorrückenden Dammbau zwecks Elektrizitätsgewinnung gekämpft. Dieser Kampf ist nun vorbei.

Malana gilt unter Anthropologen als eine der ältesten Demokratien auf dem indischen Subkontinent. Einer unbestätigten Vermutung nach handelt es sich bei den Dorfbewohnern um Zurückgebliebene der Armee Alexander des Großen. Die einmalige Trennung von Verwaltung und Justiz in Dorfangelegenheiten, die besondere Sprache und Architektur, die mit der Kultur der umliegenden Täler nur wenig gemein hat, scheint darauf hinzuweisen. Die Sprache, Kanashi, die ausschließlich in Malana gesprochen wird, gehört jedenfalls nicht zu den indo-arischen Sprachen der Umgebung. Ebenso sieht es bei der Art des Hausbaus, in der Beteiligung aller Bewohner an der Rechtsprechung sowie bei den besonderen Heiratsriten aus. In allen wichtigen Bereichen des Zusammenlebens war Malana ungewöhnlich, die Insel einer sehr eigenen Kultur.

Seit vielen Jahren ist Malana auch zum Ziel der Trekkingagenturen aus der Region geworden. Die Überquerung des Chandrakhani-Passes (3.600 m) vom Beas-Tal her ist eine landschaftlich wundervolle Strecke, und die Praxis der Malaner, Tiere und Bäume nur nach eingehender Beratung im Dorfrat zu töten bzw. zu nutzen, sorgte für ein ökologisch einmalig schönes Gebiet. Lange wehrte man sich dort gegen den von einer privaten Elektrizitätsgesellschaft vorangetriebenen Bau einer Verbindungsstraße zum Dammbau, denn die Dörfler waren sich des dann zunehmenden Einflusses der Außenkultur durchaus bewusst. Trotz aller Proteste war im unteren Teil des Tales ein Staudamm samt

Turbinen errichtet worden - mit allen damit einhergehenden, massiven ökologischen Veränderungen. Das Widerhallen der Explosionen des Baus kündete das Ende der Einmaligkeit Malanas bereits an.

Gleichzeitig wussten sich die Malaner gegen das Vordringen und die Einmischung der indischen Polizei in ihre Angelegenheiten zu wehren. Aufgrund des starken Widerstandes wurde erst 2007 im Dorf eine Polizeistation eingerichtet, die das Ende des Justizsystems Malanas einläutete. Schuld daran ist der hohe Bekanntheitsgrad des dort produzierten Haschs (Malanacream), welches im fernen Amsterdam im Haschwettbewerb Auszeichnungen erhalten hatte. Das auf den Hochalmen ganz natürlich wachsende Hanf wurde seither immer kommerzieller angebaut und in großen Mengen aus dem Tal geschmuggelt. Die indische Polizei hatte daraufhin seit einigen Jahren begonnen, in Großaktionen mit mehreren hundert Beamten die angelegten Felder zur Erntezeit abzuschneiden. In den 80er Jahren trieben sich in dem Hochtal vor allem europäische Haschschmuggler und Aussteiger herum, die später durch indische und russische Großeinkäufer verdrängt wurden. Seit einigen Jahren ist eine große Zahl Reisender aus Israel dort angekommen, die mit dem Rausch den Krieg in ihren Köpfen zu verdrängen suchen. Die Dörfler konnten damit einen nicht unbeträchtlichen Gewinn erzielen, was ihnen natürlich sehr willkommen war. Der Haschverkauf ermöglichte es ihnen, Reis und Gemüse aus den tiefer gelegenen Regionen zuzukaufen und ihr sehr hartes Leben in vielerlei Hinsicht angenehmer zu machen. Seit einigen Jahren ist man bemüht, den Hanfanbau durch den Verkauf ayurvedisch wertvoller Heilkräuter zu ersetzen. Das wie Unkraut wachsende Ganja* hat aber gegenüber den schwierigen Ernte- und Anbaumethoden der Heilpflanzen einen enormen Vorteil: es macht so gut wie keine Arbeit.

Die Dorfgemeinschaft hielt sehr stark zusammen und ließ Außenstehende nur bedingt zu. Als Nicht-Malaner durfte man keines der Häuser im Dorf betreten. Es war unter Androhung einer hohen Geldstrafe untersagt, Menschen oder Gebäude auch nur zu berühren. Wollte man einem Malaner etwas geben, so war die Sache, etwa Geld oder eine Zigaretten, auf den Boden zu legen, von wo der Dörfler sie dann aufnahm. Heiraten durften Malaner nur Menschen aus dem Nachbarort Rasol. So wollte man die alte Lebensweise erhalten.

Das Winterfeuer hat nun also den Tempel des einmaligen Gottes Jamlu zusammen mit Statuen und Silber verschlungen. Die Gottheit war die einzige im gesamten Gebiet, die nicht an Prozessionen teilgenommen und sich niemals der Hauptgottheit von Kullu, dem Sitz des letzten Königs der Region, unterworfen hatte. Die Malaner sind verzweifelt, denn für sie gibt es nur eine Erklärung: Der Gott war wütend über sie, weil sie seine Gesetze missachtet haben. Man arbeitete mit der Elektrizitätsgesellschaft zusammen, öffnete Gasthäuser für die zunehmende Touristenschar und die Jugendlichen gingen mehr und mehr in das regionale Zentrum Kullu zur besseren Ausbildung oder nur aus Neugier. Diese Zunahme des Einflusses von außen hatte dazu geführt, dass Jamlu seinen Schutz über das Dorf aufgab.

Als Asylsuchende im eigenen Land sind viele Malaner jetzt in umliegenden, tiefer gelegenen Dörfern untergebracht, wo sie die Eigenheiten ihrer Kultur unmöglich werden wahren können. Die Debatten auf dem Dorfplatz von Malana sind vorbei, die große Haschischpfeifen rauchenden Alten mit den grauen Malanamützen werden jetzt an irgendeiner Autostraße sitzen müssen. Das einmalige Malana-Dorffest, bei dem Hammel in riesigen Töpfen gekocht wurden, wird wohl nicht mehr stattfinden. Der Weg ist frei für den Bau einer zweiten Dammstufe weiter oben im Tal, dem große Waldabschnitte zum Opfer fallen werden. Die Bestellung der Felder zur Produktion des beliebten, milden Haschs wird aufgrund des zunehmenden Verkehrs unmöglich sein. Das ruhige Malanatal wird eine Straße erhalten, die auch der in den übriggebliebenen Gehöften lebenden Kultur den Garaus machen wird.

Der Zorn Gottes oder einfach nur ein unglücklicher Unfall?

* Anmerkung: Ganja ist das Hindi-Wort für Marihuana oder Cannabis.

Kinderarbeit

Eine direkte Folge der Armut zeigt sich in dem riesigen Heer der Kinderarbeiter Indiens. Offizielle Schätzungen gehen von über 70 Millionen Kindern aus, die zum Familieneinkommen beitragen müssen und daher kaum oder gar keine Zeit für einen Schulbesuch finden. Durch fehlende Bildung steht diesen Arbeitern auch im Erwachsenenalter lediglich unterbezahlte Hilfsarbeiterjobs offen, womit die ehemaligen Kinderarbeiter ihr Leben lang in der Armutsfalle gefangen bleiben werden. Insofern ist die Kinderarbeit nicht nur eine direkte Folge der Armut, sondern auch eine ihrer Ursachen.

Unterbezahlt und unter teils extrem gesundheitsschädigenden Bedingungen verdingen sich die Kinder in Steinbrüchen, als Müllsammler, in der Glas- und Messingverarbeitung, in Webereien und vor allem in der Teppichproduktion.

90 Prozent der Kinderarbeiter leben auf dem Land, wo sich parallel eine Art Kinderhandel etabliert hat. Arme Eltern entleihen gegen einen Kredit die Arbeitskraft der Kinder, die als Sicherheitspfand für das Darlehen dienen. Ab 12 Jahren zählen die Kinder dann als volle Arbeitskraft und werden an die nächsten Eigner übergeben. Wenn die Schulden nicht zurückbezahlt werden können, wird die Knechtschaft in die nächste Generation weitervererbt. Hauptsächlich die niederen Kasten sowie die indigenen Adivasi und kastenlosen Dalit sind von dieser Schuldknechtschaft betroffen. Besonders tragisch: Trotz eines gesetzlichen Verbotes von Schuldknechtschaft und Kinderarbeit floriert das Geschäft mit der Armut weiterhin ungebrochen.

Bildung

Der indische Zensus von 2001 weist eine Alphabetisierungsquote von 65,4 Prozent aus, wobei es große Unterschiede zwischen den Bundesstaaten gibt. Als Schlusslicht steht Bihar mit einer Alphabetisierungsquote von durchschnittlich 47,5 Prozent, während Kerala mit einer Quote von 90,9 Prozent die Erhebung anführt. Aufgrund der gestiegenen Einschulungsraten steigt zwar die Alphabetisierung bei Kindern insgesamt, doch noch immer sind etwa 65 Millionen Kinder unter 14 Jahren vom Schulbesuch ausgeschlossen.

Da es in ländlichen Regionen weniger Schulen gibt oder der Unterricht nur zeitweise stattfindet, gibt es ein starkes Stadt-Land-Gefälle. Zudem müssen die Kinder auf dem Land häufig arbeiten und zum Überleben der Familie beitragen. Für Mädchen wird ein Schulbesuch oft als unrentabel erachtet, dementsprechend unterrepräsentiert sind sie in den Schulklassen.

Im Bereich der höheren Bildung zeigt sich ein positiveres Bild. Insgesamt gibt es über 300 Universitäten und zahlreiche private Bildungsinstitutionen. Einige indische Elite-Universitäten zählen zu den besten der Welt und Indien wird bereits als potentielle Bildungsmacht der Zukunft gehandelt. Vor allem in der IT-Branche haben indische Fachkräfte einen ausgezeichneten Ruf und werden weltweit nachgefragt, aber auch in anderen Berufssparten finden sich Experten mit ausgezeichneten Qualifikationen.

Die Masse der Schulen, auch die meisten Hochschulen, leidet allerdings unter chronischer Unterfinanzierung. In die ausgezeichneten privaten Bildungsinstitutionen können nur Kinder aus wohlhabenden Familien ausweichen, so dass gleiche Bildungschancen für alle in weiter Ferne liegen.

Eine Angleichung des Qualitätsstandards und der Zugangschancen, höhere Investitionen in die Ausbildung des Lehrpersonals und in Lehrmittel sind nötig, um die Probleme des höheren Bildungssektors zu mindern. Gesamtgesellschaftlich gesehen sind hohe Investitionen in die Elementarbildung und Berufsausbildung der benachteiligten Schichten wesentlich, um die extreme gesellschaftliche Polarisierung im Bildungsbereich zukünftig abzumildern.

Gesundheitswesen

Auch wenn die Lebenserwartung in den letzten Jahrzehnten kontinuierlich gestiegen und die Kindersterblichkeit gesunken ist, weist das Gesundheitssystem erhebliche Defizite auf. Je nach Region, sozialem Status und Geschlecht schwanken die gesundheitlichen Werte enorm. Vor allem in den Dörfern fehlen medizinische Einrichtungen, auch wenn die Situation durch die Errichtung von Erste Hilfe Stationen verbessert wurde. Mangelnde hygienische Bedingungen und fehlender Zugang zu sauberem Trinkwasser sowie Unterernährung verschlimmern die Situation auf dem Land und in städtischen Slumvierteln. Krankheiten wie Tuberkulose und Malaria sind in großen Teilen der Bevölkerung verbreitet. Die Infizierung mit HIV nimmt rapide zu, etwa 6 Millionen Inder leiden bereits an der Immunschwächekrankheit.

Das Gesundheitswesen ist überwiegend staatlich, doch die geringen Gesundheitsausgaben fließen zu großen Teilen in die Gehälter des medizinischen Personals. Für Medikamente und den Unterhalt der Institutionen stehen nur knappe Geldmittel zur Verfügung. Bei Stichproben in staatlichen Einrichtungen waren nur 45 % des Personals anwesend und in der Hälfte der Fälle wurden falsche Behandlungsmethoden verordnet. Wie im Bereich der Bildung zeigt sich auch hier ein ausgeprägtes Gefälle zwischen den wohlhabenderen und den armen Bundesstaaten und zwischen der ländlichen Region und den Großstädten. In Metropolen wie Mumbai und Delhi gibt es ausgezeichnete Krankenhäuser mit hochqualifiziertem Personal.

Da die staatlichen Einrichtungen meist schlecht ausgestattet sind, haben privat praktizierende Ärzte großen Zulauf. Vor allem in den ländlichen Gebieten werden Heilkundige der traditionellen Medizinsysteme, wie beispielsweise Ayurveda, konsultiert, da die Landbevölkerung kaum Zugang zu moderner Medizin hat. Die Mittel- und Oberschicht Indiens favorisiert zu großen Teilen die westliche Schulmedizin.

Hijras - Indiens drittes Geschlecht

Vor allem in Mumbai leben sie, die Eunuchen. Eine Begegnung mit ihnen ist immer etwas heikel, denn sie sind unberechenbar und manchmal aggressiv. Hijras werden sie in Indien genannt und als Mitglieder des dritten Geschlechts definiert, da sie weder eine eindeutig weibliche noch eine eindeutig männliche Geschlechtsidentität haben. Genetisch sind Hijras meist männlich, teilweise auch kastriert. Von der Gesellschaft werden sie als Eunuchen definiert, auch wenn viele von ihnen Transsexuelle oder Hermaphroditen sind. Sie scheinen weder Mann noch Frau zu sein, zwar tragen sie Frauenkleider, doch ihr Verhalten entspricht nicht dem traditionellen Frauenverständnis Indiens. Ihr Auftreten ist laut, forsch und schrill. Ihr Flirtverhalten und ihre Freizügigkeit stehen sogar in starkem Gegensatz zu den traditionellen weiblichen Rollenbildern. Sie bilden eine eigene geschlechtliche Mischform und besetzen eine individuelle gesellschaftliche Nische.

Hijras leben am Rande der indischen Gesellschaft in einem Spannungsfeld zwischen gesellschaftlicher Diskriminierung und Achtung. So werden sie einerseits verspottet und belächelt, andererseits aber gefürchtet, da ihnen magische Fähigkeiten zugeschrieben werden. Diese angeblichen übernatürlichen Kräfte resultieren aus dem Glauben, dass sie männliche und weibliche Energien zu gleichen Teilen vereinen, aber kein neues Leben gebären können und deshalb die überschüssige Energie magisch verwenden können.

Die Hijras huldigen der Muttergöttin Bahuchara Mata, die ihnen die Macht zu segnen und zu verfluchen verleiht. Diese angeblichen Fähigkeiten helfen ihnen, ihren Lebensunterhalt zu sichern. Über ein gut funktionierendes Netzwerk erfahren sie, wo eine Hochzeit oder eine Geburt eines Sohnes gefeiert wird. Sofern sie nicht eingeladen sind, erscheinen sie unangemeldet, tanzen und singen und verlangen nach einer Spende für eine Segnung, andernfalls drohen sie mit einer Verfluchung. Da diese Tätigkeit zur Sicherung des Lebensunterhalts kaum ausreicht, arbeiten viele von ihnen als Prostituierte oder betteln auf der Straße.

Hijras leben meist in kleinen Gemeinschaften unter der Obhut eines Gurus. Diese Guru-Hijra fungiert als eine Art Zuhälterin, die zu großen Teilen die Einnahmen der anderen Hijras einkassiert, die Reviere aufteilt und sie notfalls aus dem Gefängnis holt. Nicht selten werden die Hijras Opfer von sexueller Gewalt durch Freier und die Polizei. Aussicht auf eine gerechte Rechtssprechung haben diese Outcasts nicht.

Wie viele der schätzungsweise eine Millionen Hijras tatsächlich kastriert sind, ist nicht bekannt. Eine geschlechtliche Umoperierung kommt aus Kostengründen kaum vor und die traditionelle Methode, bei der die männlichen Genitalien abgehackt werden, ist offiziell verboten. Da Ärzten die Operation zur Kastration untersagt ist, ist die halböffentliche, rituelle Kastration in Hinterhöfen in traditionell ausgerichteten Hijra-Gemeinschaften noch heute verbreitet. Unzureichende medizinische Versorgung, fehlende chirurgische Fachkenntnisse und Infektionsgefahr durch unhygienische Bedingungen lassen die Kastration zu einem lebensgefährlichen Akt werden.

Die erste Erwähnung der Kultur der Hijras findet sich in vedischen Texten um 1200 v. Chr. Im Epos des Mahabharata belegen verschiedene Sagen den mythologischen Ursprung der Hijras, die bekannteste Erzählung handelt von Avavaran, dem Sohn des Helden Arjuna. Avavaran sollte während einer Schlacht geopfert werden, um einen entscheidenden Vorteil für sein Heer zu erlangen. Da man ihn nicht als Junggesellen opfern wollte, es aber unmöglich war, eine Frau zu finden, die Tags darauf mit dem Stigma der Witwenschaft behaftet sein würde, erbarmte sich Krishna und verwandelte sich in die hübsche Mohini. Die Ehe wurde vollzogen und als der frisch Vermählte geopfert wurde, blieb Krishna in dem Frauenkörper gefangen. Beim größten Hijra-Festival Indiens wird im Frühjahr jeden Jahres im Tempel von Koovagam, 250 km südlich von Chennai, diese mythologische Geschichte zelebriert und gefeiert.

Die Wurzeln der Hijras sind auch im Islam begründet und etwa die Hälfte von ihnen sind Muslime. Im Islam wird von der Vorstellung ausgegangen, eine weibliche Seele sei im männlichen Körper gefangen und übernatürliche Kräfte werden von Gott als Ausgleich für ein kinderloses Leben gegeben. Man sieht sie außerdem im Zusammenhang mit den Eunuchen, die das Grab Mohammeds und die Moschee in Mekka bewachten. Derwische und Sufi Mystiker definieren sich als Bräute Gottes und werden selbst von hinduistischen Hijras verehrt. Im Gegensatz zu dem hinduistisch üblichen Bestattungsritual der Verbrennung, werden alle Hijras, ob Hindus oder Muslime, nicht verbrannt, sondern beerdigt.

Historisch gesehen waren die Hijras im Hinduismus als Tänzerinnen und Sängerinnen tätig, verdingten sich aber auch als Tempelprostituierte. Hierarchisch waren sie zu allen Zeiten im sozialen Gefüge weit unten angesiedelt.

Im islamischen Kontext genossen Hijras eine höhere Stellung, sie arbeiteten als Erzieherinnen, Dienerinnen und lehrten den Koran. Selbst einflussreiche politische Ämter wurden mit ihnen besetzt.

Der Status der Hijras veränderte sich maßgeblich mit der britischen Kolonialherrschaft. Kastration wurde nun unter Strafe gestellt, jegliche Art von Homosexualität verboten und die Hijras wichtiger Ämter enthoben. Tausende wurden verhaftet und kriminalisiert. Mit der indischen Unabhängigkeit blieben die reglementierenden Bedingungen für die Hijras bestehen, da auch in der nachkolonialen Phase die Gesetze der Briten in Kraft blieben. Neue Berufszweige und gesellschaftliche Akzeptanz bleiben ihnen auch heute noch verwehrt. Der neuerliche Einsatz von Hijras als Mannequins bei Modeschauen ist eher ein Schachzug von findigen Marketingleuten als Ausdruck gesellschaftlicher Akzeptanz.

Die Behörden im indischen Patna haben sich die sozial prekäre Stellung der Hijras zunutze gemacht, um säumige Steuerzahler zur Begleichung der Schulden zu bewegen. Ein Chor von Eunuchen singt lauthals vor den Häusern der Steuersünder, die sich beschämt schnell zur Steuerzahlung bewegen lassen. Vier

Prozent der so erlangten Steuereinnahmen erhält der Eunuchenchor als Kommission.

Eine grundsätzliche Verbesserung der Lebensumstände der Hijras scheint jedoch in weiter Ferne. Geächtet, gefürchtet und stigmatisiert leben die Mitglieder des dritten Geschlechts ausgegrenzt am Rande der Legalität.

Kastensystem

Indiens Gesellschaft ist noch heute stark von dem Hierarchiesystem der Kasten geprägt, das ursprünglich in der Zeit des Brahmanismus (ca. 1000-500 v. Chr.) nach der Invasion der Arier entstand. Dieses Klassifizierungssystem teilt sich in vier Kasten. Die Brahmanen, die Angehörigen der Priesterkaste, stehen oben auf der sozialen Leiter, gefolgt von den Kshatriyas, zu denen die Krieger zählen. Vaishyas wird die dritte Kaste genannt, ihr gehören Bauern und Händler an. Am Ende des Kastensystems stehen die Shudras, zu der Pächter und Handwerker gehören. Diese Kasten werden in Sanskrit Varna genannt, was übersetzt soviel wie Klasse, Stand oder auch Farbe bedeutet. Jeder dieser Kasten wird eine Farbe zugeordnet, die mit bestimmten Eigenschaften besetzt ist und zugleich eine Wertigkeit innerhalb des Systems festlegt. Die Brahmanen assoziiert man mit der Farbe Weiß, sie steht für Reinheit, die Angehörigen der letzten der vier Kasten, die Shudras, wurden mit Schwarz in Verbindung gebracht, welche für Faulheit und Lethargie steht.

Diese Aufteilung weist auf die Diskriminierung der dunkelhäutigen Ureinwohner am Ende des hierarchischen Systems hin, an dessen Spitze die hellhäutigen Arier standen. Noch heute wird

Hellhäutigkeit mit einem höheren gesellschaftlichen Status assoziiert und die hohen Umsätze der Kosmetikindustrie mit Aufhellungscremes sprechen für sich.

Die hierarchische Ordnung wurde von den Brahmanen in heiligen Texten verankert und religiös untermauert. Der Mythologie nach wird jede Kaste einem Körperteil des Puruscha, dem Urvater der Menschheit, zugeordnet. Der Kopf gehört zu den Brahmanen, die Arme zu den Kshatriya, die Vaishyas verkörpern die Schenkel und aus den Füßen wurden die Shudras. Zusätzlich wurde das Kastensystem durch die Lehre des Karma legitimiert, in der die Geburt in eine Kaste immer Resultat der Taten aus dem vorangegangenen Leben ist.

Im Laufe der Jahrhunderte haben sich die vier Hauptkasten in etwa 3.000 Unterkasten (Jatis) unterteilt, in die man hineingeboren wird und weder aus- noch aufsteigen kann. Während der Einzelne sein Leben lang an seine Kaste gebunden ist, gibt es immer wieder erfolgreiche Versuche einzelner Kasten, die soziale Leiter hochzusteigen, etwa durch den Erwerb von Land oder Ämtern oder durch eine Imitation ritueller Bräuche der höheren Kasten. Diese Prozesse werden als Sanskritisierung bezeichnet.

Am Ende des komplexen Kastensystems stehen die Unberührbaren, heute üblicherweise Dalits (Unterdrückte) genannt. Ihren Namen erhielten sie nicht von ungefähr, noch vor wenigen Jahrzehnten unterzogen sich Brahmanen umfangreichen Reinigungsritualen, wenn nur ein Schatten eines Unberührbaren auf sie gefallen war.

Die Zeiten, in denen das Kastensystem das Leben eines Inders gänzlich determinierte, sind vorbei, selbst wenn Kastenschranken in manchen Bereichen und vor allem das Leben auf dem Land noch heute dominieren. Eine Heirat mit einem Angehörigen einer niederen Kaste ist auch für fortschrittlich denkende

Inder meist unvorstellbar. Aufgeweicht haben sich die strikten Reglementierungen vor allem in der modernen Arbeitswelt. Bei der Vergabe eines Arbeitsplatzes zählt heutzutage die Ausbildung und berufliche Qualifikation mehr als die Zugehörigkeit zu einer Kaste. Trotz zunehmender Durchlässigkeit des Kastensystems vor allem im beruflichen Sektor der städtischen Regionen, ist auch zukünftig nicht mit einem Verschwinden des Kastensystems zu rechnen.

Die Unberührbaren und Reservierungsquoten

16 Prozent der indischen Bevölkerung gehören den Dalits an, wie die Unberührbaren der hinduistischen Gesellschaft heute genannt werden. Sie nehmen die niedrigsten Positionen in der komplexen Kastenhierarchie ein, teilweise stehen sie außerhalb des Kastensystems. Für die hierarchische Unterteilung der Kasten sind Vorstellungen von Reinheit und Unreinheit wesentlich. Kontakt mit statusniederen Kasten, vor allem mit den Unberührbaren, wurde als verunreinigend empfunden. Noch vor einigen Jahrzehnten galt bereits der Anblick oder der Schatten eines Unberührbaren als verschmutzend.

Die Zeiten, in denen sich ein Unberührbarer beim Betreten der Stadt durch das Schlagen einer Trommel ankündigen musste, um Höherkastige vorzuwarnen und nicht durch den zufälligen Anblick zu verunreinigen, gehören zwar der Vergangenheit an, aber in ländlichen Regionen leben die Unberührbaren noch heute in für sie vorgesehenen Bereichen außerhalb der Dörfer, werden am Besuch der Tempel oder an der Nutzung der Dorfbrunnen gehindert und sind alltäglichen Diskriminierungen ausgesetzt. Dabei gibt es starke regionale Unterschiede im Umgang mit den Unberührbaren, in den dichtbesiedelten Städten lassen sich die räumlichen Grenzen nicht aufrechterhalten. Dort erfolgt die Trennung nach wirtschaftlichen Aspekten, nach Reichtum und Armut.

Aus Angst vor Verunreinigung weigerten sich Priester, religiöse Rituale, etwa Hochzeits- oder Bestattungszeremonien, für die Unberührbaren durchzuführen. Um die Rituale trotzdem abzuhalten, gibt es innerhalb dieser Gesellschaftsgruppe eigene Priester und andere Dienstleister. Dadurch entstand eine Art Sub-Kastensystem innerhalb der Gruppe der Unberührbaren, das im hierarchischen Aufbau dem übergeordneten System weitgehend gleicht.

Zwei indische Persönlichkeiten haben die Situation und die Förderung der Unberührbaren bereits während der Unabhängigkeitsbewegung zu einem ihrer Hauptanliegen gemacht: Mahatma Gandhi und Bhimrao Ambedkar. Ambedkar, selbst Unberührbarer, plädierte für unterschiedliche Wählerschaften und eine bestimmte Anzahl der politischen Ämter sollte nur für Unberührbare reserviert werden. Als Konterpart zu den Kastenhindus sollten sie sich von dem diskriminierenden System lösen.

Gandhi hingegen setzte sich für eine Reformierung der traditionellen Gesellschaftsordnung ein. Dabei stellte er das Kastensystem an sich nicht grundsätzlich in Frage, lediglich die negativen Auswüchse sollten beseitigt werden. Harijan, Kinder Gottes, nannte Gandhi die Unberührbaren. Die heute geläufige Bezeichnung Dalits stammt von Ambedkar und wurde von dem Sanskritwort ›dal‹ abgeleitet, was übersetzt zerbrochen, unterdrückt, vertrieben oder zerstört heißt.

Gandhi und Ambedkar verständigten sich darauf, Parlamentssitze entsprechend des Bevölkerungsanteils der Dalits bereitzustellen. Nach der Unabhängigkeit konnte Ambedkar als Justizminister diese bis heute geltende Quotenpolitik in der indischen Gesetzgebung verankern. Dieses System der positiven Diskriminierung wird Reservierung genannt.

Die Quote für Unberührbare und Stammesangehörige wurde auf 22,5 Prozent festgelegt und bezog sich auf Stellen im öffentlichen Dienst und auf den Zugang zu Universitäten. Gegen diese Quoten gab es nur wenig Widerstand, denn sie waren die logische Folge der sozialen und politischen Bewegungen, die sich für die Verbesserung der Situation der Dalits einsetzten.

Zu landesweiten gewaltsamen Massenprotesten kam es erst, als der Premierminister V. P. Singh 1990 ankündigte, er werde die Quotenregelung auf andere niedere, unterrepräsentierte Kasten ausweiten und zusätzliche 27 Prozent der staatlichen Stellen reservieren. 15 Jahre später beschloss Bildungsminister A. Singh, er werde die Quoten für diese niederen Kasten auf Bildungsinstitutionen ausweiten. Es kam zu Protesten von Studierenden und Dozenten sowie Angehörigen der Mittelschicht, die eine Flut von unqualifizierten Studenten befürchteten. Diese Proteste ebbten im Gegensatz zu den Unruhen 15 Jahre zuvor schnell ab, da sich die indische Gesellschaft durch zunehmenden politischen Einfluss der Angehörigen der niederen Kasten und Kastenlosen stark verändert hatte.

Gesamtgesellschaftlich gesehen hat die Quotenpolitik die Bildungschancen und die Möglichkeiten der politischen Einflussnahme für die Dalits und niederen Kasten verbessert. Die Gegner der Reservierungspolitik führen genau diesen Effekt als Argument an: Nicht die Qualifikation entscheide mehr über Arbeitsplatz und Bildungszugang, sondern die Kaste. Wegen dieser Politik der positiven Diskriminierung haben sich einige Familien entschlossen, den Familiennamen einer niederen Kaste anzunehmen, um auf diese Weise trickreich Zugang zu den Reservierungsquoten zu erhalten.

Ein wesentliches Resultat dieses Systems dürfte wohl kaum im Sinne des Begründer Ambedkar liegen: die Stärkung des Kastenbewusstseins, das er ursprünglich durch diese gesetzliche Regelung abschaffen wollte.

Indiens Ureinwohner - die Adivasi

Die weltweit größte Stammesbevölkerung lebt in Indien. 8,2 Prozent der indischen Bevölkerung, das sind etwa 90 Millionen Menschen, bezeichnen sich als Adivasi, als Ureinwohner Indiens. Sie verteilen sich auf 698 verschiedene Stämme, von denen die größten mehrere Millionen Mitglieder stark sind, andere Stammesgruppen sind auf wenige Angehörige zusammengeschrumpft und in ihrer Existenz bedroht.

Der Großteil der Adivasi lebt in abgelegenen Berg- und Waldgebieten Zentralindiens und in der nordöstlichen Himalaya-Region. In ihrer traditionellen Lebensweise egalitär organisiert und auf Subsistenzwirtschaft ausgerichtet, leben die Adivasi autark und zurückgezogen, ernähren sich von der Jagd und dem Sammeln von Früchten, betreiben Brandrodung und Ackerbau. Ihre Wirtschaftsweise ist an die lokalen Begebenheiten angepasst und auf die Befriedigung der Lebensbedürfnisse ausgerichtet, erwirtschaftete Überschüsse werden mit der Gemeinschaft geteilt. Adivasi haben eine spirituelle Beziehung zu ihrem Land und verehren Naturgottheiten, die sie durch Opfergaben und Feste huldigen.

Die Veden, die ältesten heiligen Schriften der Hindus, berichten von Kämpfen der arischen Invasoren mit den indischen Ureinwohnern. Viele von ihnen wurden versklavt und in Ghettos außerhalb der Dörfer angesiedelt. Von der hinduistischen Gesellschaft als unrein und unzivilisiert abgestempelt, lebten diese Vorfahren der Dalits, der Unberührbaren, am Rande der Gesellschaft. Andere indigene Stammesgruppen zogen sich in unwegsame Gebirgs- und Waldregionen zurück und konnten dadurch ihre Identität bewahren. Ihre Isolation wurde erst durch die britischen Kolonialherren durchbrochen, die Wälder großflächig rodeten und Eisenbahnschienen verlegten, um Bodenschätze zu erschließen.

Heute kollidiert das moderne Indien mit seiner staatlichen Entwicklungs- und Industrialisierungspolitik mit der traditionellen Lebensweise der Adivasi. Großprojekte wie riesige Staudämme, Ansiedlung von Schwerindustrie und die Erschließung von Industrie- und Tourismusstandorten verdrängen die Adivasi aus ihrem natürlichen Lebensraum. Betroffen sind schätzungsweise 15 Millionen Adivasi, die aus ihren Siedlungsgebieten zwangsvertrieben wurden. Die Landnahme basiert dabei auf einem Gesetz aus der Kolonialzeit, das weder eine angemessene Entschädigung noch Mitspracherecht der ursprünglichen Bevölkerung vorsieht.

Durch die zunehmende Zerstörung ihres natürlichen Lebensraumes und somit ihrer Lebensgrundlage, leben heute etwa 90 Prozent der Adivasi unter der Armutsgrenze. Da weder die Subsistenzwirtschaft noch der geringe Lohn als Landarbeiter ausreichen, ist etwa die Hälfte der Adivasi verschuldet. Landverlust und Schuldknechtschaft sind die direkten Folgen. Die Armut treibt sie millionenfach in die Städte, in denen sie sich als ungelernte Arbeiter oder Haushaltskräfte verdingen.

Zwar hat die indische Regierung Gesetze zum Schutz der indigenen Bevölkerungsgruppen eingeführt, doch wegen mangelnder Umsetzung der Gesetze, wie des Verbotes von Schuldknechtschaft, und halbherziger Projekte zur Armutsbekämpfung und Bildungsförderung hat sich ihre Lebenssituation nicht nachhaltig verbessert. Wie für die Dalits gelten auch für die Adivasi die Gesetze der Reservierungspolitik. Öffentliche Stellen und Ausbildungsmöglichkeiten sollen gemessen an ihrem prozentualen Anteil an der Bevölkerung vergeben werden - ausgeschöpft werden diese Quoten allerdings selten.

Adivasi sind Opfer der staatlichen Entwicklungspolitik. Zwangsvertrieben und ihres Lebensraumes beraubt, sind sie extremer Armut ausgeliefert. In der hierarchischen hinduistischen Gesellschaftordung ganz unten angesiedelt, werden sie täglich Opfer von Ausbeutung, Unterdrückung und gewalttätigen Übergriffen. Es verwundert daher nicht, dass sich Widerstand formiert und sich große Teile der Stammesbevölkerung radikalen Gruppierungen, wie den militanten kommunistischen Naxaliten, angeschlossen haben.

In den letzten Jahren haben diese militanten Guerillagruppen ihren Aktionsradius deutlich ausgeweitet und sind mittlerweile in der Hälfte der 28 Bundesstaaten aktiv. Ihre Mitglieder rekrutieren die Naxaliten vor allem aus der Stammesbevölkerung und den unteren Kasten, also jenen, die vom Wirtschaftsboom Indiens ausgeschlossen sind.

Um der innenpolitischen Bedrohung durch militante Gruppen entgegenzuwirken, wurden 2006 neue Stammesgesetze verabschiedet. Die Umsiedlungen sollen eingeschränkt, verlorenes Land zurückerstattet und die Rechte der Adivasi an den Produkten des Waldes anerkannt werden. Wenn diese Maßnahmen tatsächlich realisiert werden, könnte dies die langjährige Diskriminierung der Adivasi teilweise mindern.

Mit der rasanten wirtschaftlichen Entwicklung sind die seit Jahrtausenden fest in die Kastensystematik verankerten Gesellschaftsstrukturen ins Wanken geraten. Die Kastengrenzen sind durchlässiger geworden, der gesellschaftliche Aufstieg nicht per se aufgrund falscher Kastenzugehörigkeit ausgeschlossen. Die neu entstandene, kaufkräftige und konsumorientierte Mittelschicht lockt ausländische Investoren und Konzerne, die Indien als die Goldgrube der Zukunft identifizieren. Zu dieser Konsumorientierung haben maßgeblich amerikanische TV-Serien und Werbespots, die seit Anfang der 90er Jahre in Indien ausgestrahlt werden, beigetragen.

Allerdings partizipiert die Mehrheit der Gesellschaft nicht an den positiven Effekten des Aufschwungs, sondern trägt die negativen Konsequenzen dieser gesellschaftlichen Veränderung. Rund ein Drittel der Gesellschaft lebt am oder unter dem Existenzminimum und versucht, das tägliche Überleben zu meistern. Da die Haushalte nun mit Waschmaschinen und Staubsaugern modernisiert werden, verlieren zahlreiche Dienstboten ihre Arbeit, die in Indien seit jeher in den Haushalten der höheren Gesellschaftsschichten angestellt waren.

Eklatant ist die zunehmende Verarmung der ländlichen Bevölkerung, die durch eine Vernachlässigung der ländlichen Entwicklungsförderung immer weiter ins soziale Abseits gerät. Bleibt die Mehrheit vom Aufschwung weiterhin ausgeschlossen und vergrößert sich die gesellschaftliche Kluft noch weiter, könnte dies zu sozialen Spannungen und einem Machtzuwachs extremistischer Gruppen führen.

Neben den ärmsten Schichten ist die Umwelt der Verlierer dieses Wandels, bereits heute gelangt Indien an die Kapazitäten seiner Energieressourcen. Indien wird zu einer der Wirtschaftsmächte der Zukunft werden, mit einer weiterhin anwachsenden Konsumentenschicht, die mit einem steigenden Grundenergieverbrauch und durch Millionen neuer Autos und Motorräder die Umwelt extrem belasten wird. Die sich daraus ergebenden Herausforderungen des Landes sind riesig. Soziale und umweltschützende Maßnahmen sollten Wegbegleiter des indischen Aufschwungs sein, damit das indische Wirtschaftsmärchen kein jähes Ende nimmt.

Erotik und Sexualität

Bei jedem zufälligen Zusammentreffen im Aufzug seien die Blicke der 15-jährigen Nachbarin verzweifelter geworden, erzählt ein älterer Inder, der in einem Wohnkomplex der gehobenen Mittelschicht in Mumbai wohnt. Auf wiederholtes Nachfragen erhielt er keine Antwort, bis eines Tages die seelische Not des Mädchens zu groß wurde und es im Aufzug aus ihr herausplatzte: »Kann man von einem Kuss schwanger werden?«

Diese Frage geistert in vielen indischen Mädchenköpfen herum, denn Aufklärung in der Schule oder durch die Eltern ist selten. Sex wird tabuisiert und längst vergangen sind die Zeiten des Kamasutra, das als ältestes Lehrbuch der erotischen Liebe das Ausleben der Sexualität propagierte.

Das Kamasutra ist etwa 300 n. Chr. von Mallanaga Vatsyayana niedergeschrieben worden und beinhaltet eine Anleitung für die erotische Liebes-, aber auch ethische Lebenskunst. Ab dem 12. Jahrhundert setzte sich die asketische Tradition und damit die Ansicht durch, Sexualität müsse kontrolliert werden und sei als notwendiges Übel allcin der Vermehrung dienlich. Durch die britische Kolonialherrschaft und deren viktorianische Prüderie wurde diese Denkweise gestärkt, die bis heute - trotz des wachsenden Einflusses des westlichen Lebensstils - vorherrschend ist. Ein konservativer Moralkodex zieht sich durch alle Schichten, die städtische Oberklasse ist tendenziell etwas ungezwungener und orientiert sich, wie in anderen Lebensbereichen auch, gen Westen.

Generell ist Sexualität vor der Heirat streng verboten, jedes Anzeichen von zwischengeschlechtlicher körperlicher Zuneigung auf der Straße gesellschaftlich verpönt. Andererseits ist es ganz normal, wenn Männer Händchen haltend durch die Straßen flanieren. Diese Geste wird immer als Zeichen von Freundschaft gewertet und nie mit Homosexualität in Verbindung gebracht. Versteckte Homosexualität kann dadurch relativ einfach gelebt werden, so lange sie nicht zu offensichtlich wird. Mit bis zu 10 Jahren Gefängnis kann gleichgeschlechtliche Liebe geahndet werden und wer seine homosexuelle Identität offen auslebt, spürt die gesellschaftliche und familiäre Ablehnung auf ganzer Linie. Da nur wenige diese Repressalien in Kauf nehmen wollen, wird Homosexualität in der Regel heimlich gelebt. In manchen indischen Metropolen hat sich trotz der harten gesetzlichen Ahndung eine lebendige schwule Subkultur entwickelt.

Seit der landesweiten Verbreitung von Satellitenfernsehen flimmern freizügige amerikanische Serien in die Hütten und Paläste. Baywatch wurde 1996 zur beliebtesten Fernsehsendung gewählt und sogar in indischen Regionalsprachen synchronisiert, was üblicherweise nur hochwertigen nationalen Programmen vorbehalten ist - die vollbusige Pamela Anderson im roten Badeanzug, für das indische Sittenverständnis reine Pornographie, verstärkte das Bild vom hypersexuellen Westler mit loser Moral. Auf gesellschaftlicher Ebene scheint der Einfluss des westlichen Fernsehens keine Auswirkungen zu haben, eine große Mehrheit der jungen Inder bevorzugt noch heute die arrangierte Ehe.

In einer Familie mit männlichen Nachkommen wird Liebe tendenziell als störendes Element gesehen. Sie birgt Potential für Konflikte, da eine starke Bindung zur Ehefrau die Beziehung und Loyalität zu den Eltern oder Geschwistern schwächen könnte. Das Leben in der Großfamilie, oft auf engstem Raum, macht ein Ausleben der Sexualität nicht gerade einfacher. Ein Viertel der Inder wohnt in den überquellenden Metropolen, Rückzug und Intimität sind kaum möglich. Vor allem in den übervölkerten Slums wird der Akt schnell, heimlich und schamhaft in überfüllten Räumen zur Bedürfnisstillung und als Vorrecht des Mannes vollzogen.

Mit der wirtschaftlichen Öffnung Indiens und dem zunehmenden Tourismus verzeichnet die Sex-Industrie einen starken Zuwachs. Obwohl Zuhälterei und das öffentliche Anbieten von Liebesdiensten offiziell verboten sind, gibt es Schätzungen indischer Frauenrechtsorganisationen zufolge etwa drei Millionen Prostituierte und vor allem in Metropolen wie Mumbai blühen gigantische Rotlichtviertel.

Auf dem Vormarsch sind auch Prostitution in privaten Räumen und Pädophilie, per Telefon werden hierbei die Frauen und Kinder nach Hause oder in Hotels bestellt. Regelmäßige Razzien in Bordellen und Nachtclubs sollen die sexuelle Ausbeutung von Kindern verhindern, doch häufig decken die örtlichen Beamten die Zuhälter und Bordellbesitzer, was eine effektive Kontrolle erschwert. Eines der größten Probleme ist die Verschleppung von Mädchen aus indischen Dörfern und den Nachbarländern Nepal und Bangladesh, da ihr Aufenthaltsort nicht mehr nachvollziehbar ist und sie der Willkür der Zuhälter ungeschützt ausgeliefert sind.

Etwa die Hälfte der Prostituierten ist mit dem HI-Virus infiziert, insgesamt leiden fast 6 Millionen Inder an der Immunschwächekrankheit. Verhütet wird selten, die Verwendung von Kondomen wird mit Prostitution und HIV assoziiert und abgelehnt. Dass der Absatz von Kondomen gestiegen ist, liegt nicht daran, dass sich die Geburtenregelung oder Schutz vor HIV in der Gesellschaft durchgesetzt haben. Drei Viertel der Kondome werden zweckentfremdet vor allem in Webereien genutzt, da das Gleitmittel der Kondome die Herstellung der Saris vereinfacht.

Um die Inder auf den Geschmack zu bringen, gibt es seit neuestem Kondome in der Geschmacksrichtung Paan, ein in Indien beliebter Kautabak, der aus einem Betelnussblatt, diversen Gewürzen, Limonenpaste und Kalk besteht.

Für Aufsehen sorgte auch das Kondommusical der Firma Nirodh, in dem Männer in bunten Kondomverkleidungen durch das Land zogen und singend und tanzend für die Akzeptanz von Kondomen warben: »I am the condom friend, ever useful to you.«

▸http://de.youtube.com/watch?v=BTLj_3R0-2g

Frauen

Frauen in Indien

Indien ist ein Land der Widersprüche, dies zeigt sich besonders deutlich in der Frage der Frauenrechte. Obwohl die indische Verfassung Gleichheit garantiert, sind extreme Missverhältnisse im Geschlechterverhältnis die Regel. Das Leben der Frau ist noch heutzutage stark von der ihr in den traditionellen Schriften zugewiesenen Rolle beeinflusst. Die alten Gesetzestexte des Manu, die für die Entstehung der hinduistischen Gesellschaftsordnung entscheidend waren, sprechen eine deutliche Sprache - die Frau sei des Mannes Untertan und müsse aufgrund ihrer angeborenen Schlechtigkeit dominiert und, falls notwendig, gezüchtigt werden. Unabhängigkeit oder Eigenständigkeit müsse verhindert werden, deshalb solle die Frau zunächst dem Vater, dann ihrem Ehemann und im Falle dessen Todes ihren Söhnen unterstehen. Manu betont, dass sie ihrem jeweiligen Herrn, vor allem ihrem Gatten, absoluten Gehorsam schulde und nicht unabhängig von ihm handeln dürfe. Sie besitze keine religiöse Selbstständigkeit, die oberste Pflicht der Frau sei es, ihren Gatten wie einen Gott zu verehren und alle Gebete seinem Heil zu widmen. Nur dadurch könne sie spirituelle Dienste erwerben.

Diese Verehrung bezeichnen die klassischen Texte als Pativrata, als Gattentreue. Sie gilt als das höchste Ideal der Weiblichkeit im Hinduismus. Im Epos Ramayana findet dieses Ideal seinen Ausdruck in der Gestalt der Sita. Sie folgt ihrem Gatten Rama in die Verbannung, teilt alles Leid mit ihm, wird aber vom Dämon Ravana geraubt. Sita wiedersteht standhaft allen Verlockungen und Qualen, doch Rama verstößt sie nach ihrer Befreiung, da sie zu lange Zeit unter dem Dach eines anderen gelebt hat. Nur durch eine Feuerprobe kann Sita ihre Reinheit beweisen.

Das wichtigste Prinzip der Pativrata liegt in der Aufopferung der Frau zum Wohle und zum Schutze des Gatten. Krankheit oder Tod des Mannes wurde als Mitschuld der Frau gesehen, die dieses Ideal nicht ausreichend erfüllt hatte. Durch die rituelle Selbstverbrennung konnten die Witwen diesem Schuldvorwurf entgehen. Witwen wurden als unrein angesehen und gesellschaftlich ausgestoßen. Sie mussten sich die Haare kurz scheren und in weiße Saris gehüllt in einer Ecke des Hauses sitzen, damit ihr Anblick nicht die anderen Mitglieder des Haushalts befleckte. Kam die Witwe dem Ritual der Sati, der Selbstverbrennung nach, konnte sie ihrem Los der gesellschaftlichen Ächtung entkommen und sich gewiss sein, nach ihrem Tod als Heilige verehrt zu werden. Durch die gemeinsame Verbrennung auf dem Scheiterhaufen des Gatten könne sie seine Seele aus der Hölle retten und dadurch das höchste Ideal der Pativrata, Gattentreue und Selbstaufopferung, über den Tod hinaus erfüllen.

Obwohl Sati aus freien Stücken geschehen sollte, fanden Witwenverbrennungen häufig gegen deren Willen unter Ausübung physischer Gewalt statt. Da der gesellschaftliche Druck immens war, zogen zahlreiche Witwen den Feuertod der sozialen Ächtung vor und ließen sich bei lebendigem Leibe verbrennen. Die Briten stellten die Witwenverbrennung 1829 unter Strafe. Ein bekannter Fall einer Sati, der weltweit großes Aufsehen erregte, war die Verbrennung des Mädchens Roop Kanwar, das ihrem Mann 1987 in den Tod folgte.

Obwohl diese Sitte heutzutage so gut wie ausgestorben ist, sind noch heute die Ansichten, die Sati zu einem Ideal machten, in der Gesellschaft tief verwurzelt und vor allem im ländlichen Raum weit verbreitet. Witwen haben bis heute kein einfaches Los. Für eine Wiederverheiratung stehen die Chancen denkbar schlecht, und so bleibt der Witwe häufig nur die Wahl zwischen einem Leben als Haussklavin in der Familie des Mannes und der Option, sich in der Stadt alleine durchzuschlagen.

Ein alter indischer Spruch lautet: »Ein Freund ist die Gattin, ein Jammer die Tochter, Licht in der höchsten Himmelswelt ist der Sohn für den Vater.« In den alten Gesetzestexten wird das Leben der Frau auf einen einzigen Lebenszweck ausgerichtet, der im Gebären männlicher Nachkommen besteht. Nur im Sohn könne der Mann weiterleben, so die alten Texte, zudem können wesentliche Todeszeremonien nur von einem männlichen Nachkommen durchgeführt werden. So verwundert es nicht, dass auf die Schulbildung der weiblichen Nachkommen wenig Wert gelegt wird und nur 54 Prozent überhaupt eine Schule besuchen. Demnach ist die Analphabetenrate bei Frauen auch fast doppelt so hoch wie bei den Männern.

Ein weiterer Aspekt: Töchter sind teuer. Rein ökonomisch gesehen, stellen Mädchen eine enorme Belastung dar. Zum einen werden sie nach der Heirat bei der Familie des Mannes leben und kaum etwas zum Lebensunterhalt ihrer Herkunftsfamilie beitragen und zum anderen müssen überzogene Mitgiftforderungen erfüllt werden, die häufig zu einer lebenslangen Verschuldung der Brauteltern führen. Die Ehen und die zugehörige Mitgift werden auch heutzutage noch meist von den Eltern beschlossen und ausgehandelt, wobei die Brauteltern unter starkem gesellschaftlichem Druck stehen, da eine unverheiratete Tochter als große Schande gilt.

Obwohl das Mitgiftsystem gesetzlich verboten ist, ist den überzogenen, oft ruinösen Mitgiftforderungen nicht beizukommen. Während die Mitgift früher aus Bargeld, Schmuck und Gebrauchsgegenständen bestand, haben sich die Ansprüche modernisiert und äußerst konsumorientierte Züge angenommen. Heutzutage werden Kühlschränke, Waschmaschinen, Fernsehgeräte und Motorroller oder Autos verlangt. Oft gehen die materiellen Forderungen nach der Hochzeit weiter und enden bei einer Verweigerung derselben nicht selten mit einem tödlichen ›Unfall‹, um den Weg für eine weitere Heirat und somit neuen Mitgiftzahlung zu ebnen. Mitgiftmorde sind dabei kein ausschließliches Phänomen der traditionellen Landbevölkerung, sondern finden auch in den modernen Städten statt. Die Opfer stammen aus den verschiedensten sozialen Schichten und allen Religionsgemeinschaften.

Der Verlauf ist meist identisch und äußerst brutal: die Frau wird mit Kerosin übergossen und angezündet. Im Krankenhaus behaupten dann Gatte und Schwiegereltern, ein Petroleumkocher sei explodiert. Das Opfer selbst, sofern es noch am Leben ist, bestätigt meist die Geschichte, da es durch Drohungen eingeschüchtert wurde. Auch wenn die indische Gesetzeslage solche Praktiken unter strenge Strafen stellt, werden polizeiliche Untersuchungen nur halbherzig geführt und die Straftaten selten geahndet. Um die 7.000 Mitgift-Morde verzeichnet das indische Innenministerium jährlich, die Dunkelziffer liegt vermutlich beträchtlich höher.

Eine weitere Folge des Mitgiftsystems ist die Tötung weiblicher Säuglinge. Von Kindern unter 9 Jahren sterben 60 Prozent mehr Mädchen als Jungen. Mädchen werden kürzer gestillt, bekommen weniger und schlechtere Nahrung und werden seltener medizinisch versorgt. Auch die Tötung direkt nach der Geburt ist kein seltenes Vergehen, wobei der Mittelstand mittlerweile verstärkt auf eine pränatale Diagnostik setzt: Geschlechtsbestimmungen durch Fruchtwasseruntersuchungen und Ultraschall boomen. Die Folge: Laut der Indian Medical Association werden jährlich 5 Millionen weibliche Föten abgetrieben.

Sozialwissenschaftler hatten erwartet, dass diese Praxis mit der besseren Ausbildung breiter Bevölkerungsschichten und der positiven wirtschaftlichen Entwicklung abnehmen würde, doch gerade in den reichsten Bundesstaaten gibt es die wenigsten Mädchengeburten. In der Mittel- und Oberschicht ist das Verhältnis zwischen Mädchen und Jungen unausgeglichener als bei der Unterschicht, und die weit verbreitete Annahme, Armut trage zur Abtreibung von Mädchen bei, ist statistisch widerlegt. Der Anteil der Mädchen in der Bevölkerung ist heute so niedrig wie nie zuvor. Laut offiziellen Statistiken kamen 1981 auf 1.000 Jungen unter sechs Jahren 962 Mädchen, 1991 waren es 945, 2001 nur noch 927.

Dieses Ungleichgewicht leistet einer anderen Entwicklung Vorschub: dem Handel mit Frauen aus ärmsten Verhältnissen, um die Lücke auf dem Heiratsmarkt zu schließen. Ebenso aber einer vollständig anderen Tendenz, die langfristig ansatzweise regulierend auf das Ungleichgewicht wirken könnte. In einigen Regionen Rajasthans mit besonders hohem Männerüberschuss wurde das Mitgiftsystem bereits durch die Bezahlung eines Brautpreises abgelöst. Dies mag vielleicht in gewissen Regionen eine marginale Änderung herbeiführen, in der gesamtvolkswirtschaftlichen Sicht betrifft es allerdings nur einen verschwindend geringen Anteil der Bevölkerung. Langfristig kann eine gefährliche Zuspitzung der demographischen Situation durch Männerüberschuss nur dadurch abgewendet werden, dass sich die Einstellung gegenüber Frauen grundlegend ändert.

Eine weitere besorgniserregende Entwicklung ist die zunehmende Gewalt gegen Frauen. Zwar wurde häusliche Gewalt 2006 unter Strafe gestellt, doch die Statistiken sprechen ihre eigene Sprache - alle 3 Minuten wird eine Straftat an einer Frau begangen, alle 9 Minuten wird eine Frau von ihrem Gatten oder Familienmitgliedern gequält und die Zahl der Vergewaltigungen hat massiv zugenommen. Gegen die Unterdrückung und Benachteiligung formieren sich zunehmend Frauengruppen, die in zahlreichen Nichtregierungsorganisationen für mehr Rechte und Selbstbestimmung kämpfen.

Doch Indien wäre nicht Indien, gäbe es nicht auch das andere Extrem. Eine Riege bestausgebildeter Frauen arbeitet als Politikerinnen und Softwarespezialistinnen, sie leiten Unternehmen und forschen in den Wissenschaften, sind Ärztinnen und Ingenieurinnen. Es gibt Frauen wie Indira Gandhi, die langjährige Ministerpräsidentin Indiens, und Kalpana Chawla, die erste indische Astronautin. In den oberen Schichten sind Gleichberechtigung in Ehe und Familie keine Seltenheit. Am stärksten treten erste Veränderungen des traditionellen Frauenbildes in den großen Metropolen, vor allem in Mumbai als westlichste indische Stadt, in Erscheinung - modern gekleidete, junge Frauen fahren auf ihren Motorrollern zu ihrer Arbeitsstelle und prägen das städtische Straßenbild.

Aber eben auch nur das städtische Straßenbild, auf dem Land herrschen weiterhin die seit Jahrtausenden unveränderten Geschlechterstrukturen. Neben ihrer Rolle als dienende Ehe- und Hausfrau, häufig verbunden mit kilometerlangen Fußmärschen für Wasser und Brennholz, verdingen sich zahlreiche Frauen zusätzlich als Tagelöhnerinnen in der Landwirtschaft oder im Straßenbau und gehen körperlicher Schwerstarbeit nach. Der Lohn ist oft nur halb so hoch wie der einer männlichen Arbeitskraft. Zarte Blüten zeigt die Arbeit der Nichtregierungsorganisationen in den Dörfern, die immer mehr Frauen durch Gewährung von Mikrokrediten zu einem eigenen Geschäft verhelfen und so einen Weg in ein selbstbestimmtes Leben ermöglichen. Diese ökonomischen Veränderungen geben den Frauen mehr Spielraum und Selbstständigkeit, auch wenn das traditionelle Geschlechterverständnis von ihnen nicht grundsätzlich in Frage gestellt wird.

Indien will in der globalisierten Welt eine wichtige Rolle spielen und diese Entwicklung sollte von politischen Anstrengungen getragen sein, der Gleichberechtigung nicht nur auf dem Papier Ausdruck zu verleihen, sondern sie substanziell im Alltag zu verankern.

Rollenmodelle unter Feuer

Martin Lehmann-Waldau

Der Manu-Tempel steht mitten im Ort, direkt an der Hauptstraße. Aljiya steuert das Auto, in dem wir daran vorbeifahren. Wir sind auf dem Weg zu ihrem Haus, wo ihre 14-jährige Tochter schon auf die Rückkehr der alleinerziehenden Mutter aus dem Punjab wartet. Am Tempel lässt Aljiya das Auto langsam werden, aber nicht, um dem Priester Kleingeld zu geben und einen Segen zu empfangen. Sie kurbelt das Fenster herunter und wirft wüste Flüche hinaus, der Statue des Heiligen mitten ins Gesicht.

Es war Manu, eine Lichtgestalt des Hinduismus, der vor vielen tausend Jahren die Organisationsregeln des Zusammenlebens aufgeschrieben hat: Manus Gesetze. So entstand das Kastensystem, so entstand auch hier auf dem Subkontinent die Idee von der Frau als Gehilfin des Mannes. Manu hat sich damit den Ärger zahlloser Generationen indischer Frauen zugezogen. Aljiya ist modern, berufstätig, wütend und stark genug, ihren Zorn dem Priester gegenüber klarzumachen.

Indien ist leider noch immer ein Land, in dem die Männer das Sozialleben dominieren. Jason aus Hawaii war mit seiner indischen Freundin in der Bar eines kleinen Touristenzentrums. »Noch nie habe ich mit fünfzig Männern getanzt«, meint er danach. Cindy ist 21 und wagt es, Jeans zu tragen sowie in der Öffentlichkeit zu rauchen. »Mir ist egal, was die alle denken. These men are repressed and crazy. F*** them!«

Es ist eine Anmaßung, wenn barbusige Touristinnen in Goa sich über die glotzenden Inder aufregen, denn die indische Kultur ist eben eine andere. Doch die Revolution der modernen indischen Frauen selbst ist unaufhaltsam und, wie alles in diesem Land, ausgesprochen ›indisch‹. Im nördlichen Bundesstaat Uttar Pradesh gibt es inzwischen eine Frauengruppe, die abends Männer besucht, die sich danebenbenommen haben. Im Gepäck: Lathis (Bambusstangen), mit denen es dann eine gehörige Tracht Prügel gibt. Von der männlich besetzten Polizei erwarten die Frauen keine Hilfe mehr.

Shilpa aus Delhi trägt Hosen und einen Kurzhaarschnitt: »Wenn ich auch nur ein kleines bisschen fraulich auftrete, dann habe ich sofort einen Haufen Männer um mich. Beruflich ernst genommen zu werden ist dann schier unmöglich.« Auch in Indien scheint der Weg zur Emanzipation über die ›männliche Frau‹, die sogenannte ›Emanze‹, zu gehen. Schade, denn wir Männer brauchen Frauen als Frauen und als gleichberechtigte Partner. Der Weg in Indien führt über die wütende Frau mit Kurzfrisur wie die Sozialaktivistin Arundhati Roy zur fraulichen, starken, selbstbewussten Frau wie die Schriftstellerin Kiran Desai und die Tennisspielerin Sania Mirza.

»Meine eigene Mutter ist gut ausgebildet und geschieden. Trotzdem will sie nicht, dass ich Jeans trage und abends unterwegs bin. Die Leute würden reden, man hielte mich für ein leichtes Mädchen. But let them look, let them talk, I don't care. Warum meine eigene Mutter in dieses Horn stößt, das verstehe ich allerdings nicht.« Cindy hat jetzt ein Visum für Kanada. Dort wird sie als Snowboardlehrerin arbeiten. Bei ihrer Hochzeit wird sie sicherlich nicht mit niedergeschlagenen Augen die Ankunft des Bräutigams erwarten.

Im Bollywood-Film ›Chak de India‹ verprügelt die Frauenhockeynationalmannschaft ein paar Jungs, die ihnen hinterher pfeifen. Nebenbei machen sie dabei ein McDonalds-Restaurant platt. Three cheers for the girls!

Frauenbewegung

In der Unabhängigkeitsbewegung Indiens spielten Frauen erstmals eine zentrale politische Rolle, indem sie Gandhis Aufruf zur Teilnahme an der nationalen Befreiungsbewegung folgten. In den Jahren nach der Unabhängigkeit hielten sich die Frauen von der politischen Arena fern. Ende der 60er Jahre gab es erste Proteste gegen Gewalt gegen Frauen, Vergewaltigungen und das System der Mitgift. Als Mitte der 70er Jahre ein Regierungsbericht über die Situation der Frau aufdeckte, dass sich die Lebensumstände von Frauen seit der Unabhängigkeit verschlechtert hatten, bildeten sich Frauengruppen, die sich in verschiedenen Bereichen engagierten. Einige Gruppierungen setzten sich für mehr Selbstbestimmung ein, andere für bessere Ausbildungsmöglichkeiten, wieder andere legten ihren Schwerpunkt auf Umweltschutz. In den 80er Jahren entstanden im ländlichen Bereich vermehrt Selbsthilfegruppen, die sich anfangs vor allem gegen den Alkoholismus, der viele arme indische Familien zerrüttet hatte, und gegen Gewalt gegenüber unberührbaren Frauen einsetzten. Mit den Jahren machten sie sich zudem für Landreformen stark und kämpften für bessere Bildungsmöglichkeiten.

Zahlreiche Initiativen wurden anfangs von politischer Seite massiv unterdrückt, als die Bewegungen aber immer größer wurden, kam die Politik unter Zugzwang. Eine Reihe von Gesetzen wurde geändert, ein Frauenministerium eingerichtet und Fördergelder bereitgestellt. Anfang der 90er Jahre wurde für politische Positionen auf kommunaler Ebene eine 33 Prozent Quote für Frauen festgelegt. Etwa eine Million Frauen sind heute Akteurinnen auf der kommunalen politischen Bühne.

Mit der Regierungsübernahme der nationalistischen Partei BJP vollzog sich während der 90er Jahre ein Wandel von der säkularen hin zur religiösen Politik. Konservative hinduistische Werte und Rollenbilder wurden in den Vordergrund gestellt, bei gleichzeitiger wirtschaftlicher Öffnung Indiens. Da Frauen eine zentrale Rolle in diesem ideologischen Konstrukt von Hindu-Nation und Hindu-Kultur spielten, wurden sie für politische Zwecke mobilisiert. Die Angehörigen der linken Frauenbewegung standen plötzlich ihren rechtsgerichteten Schwestern gegenüber, die genauso wie sie auf Demonstrationen gingen, aber niemals patriarchale Strukturen hinterfragten. Ihre Gegner waren nicht die patriarchale Gesellschaft und ihre Auswirkungen, sondern die nicht-hinduistischen Gemeinschaften, gegen die, oftmals auch mit Gewaltanwendung, agiert wurde. Die bisherige Annahme der feministischen Gruppen, das gleiche Geschlecht mache sie zwangsläufig zu einer solidarischen Gemeinschaft, hatte nicht länger Bestand. Dies brachte die Frauenbewegung an einen Wendepunkt, sie musste sich neu definieren und über andere Strategien nachdenken. Die Frauenbewegung Indiens hat in diesem Anpassungsprozess neue Wege beschritten, ohne dabei von ihrer Intention und Energie verloren zu haben.

Eine wichtige Rolle in der Unterstützung von Frauen spielen heute Organisationen, die Mikrokredite vergeben und dadurch nachhaltig die Situation der Frauen verbessern, die nun aktiv zum Lebensunterhalt beitragen können und dadurch ihren Stellenwert in der Familie erhöhen. Eine der bekanntesten Organisationen ist SEWA (Self-Employed Women's Association), eine Kreditgenossenschaft für Kleinstunternehmerinnen. Weltweit bekannt wurde das System der Mikrokreditvergabe im Jahr 2006, als Muhammad Yunus, der Gründer der Grameen-Bank, den Friedensnobelpreis erhielt. Seine Bank vergibt Kleinkredite an die Armen und verschafft damit denen, die sonst nirgends als kreditwürdig gelten, ein Startkapital und die Chance auf ein besseres Leben. 97 Prozent der Kredite seiner Bank gingen an Frauen.

Interview mit Urvashi Butalia

Andrea Glaubacker

Urvashi Butalia ist Schriftstellerin und Verlegerin. 1984 gründete sie in Neu Delhi den feministischen Verlag ›Kali for Women‹, Indiens ersten Verlag, der sich auf Literatur von und für Frauen spezialisierte. Heute leitet sie den Verlag Zubaan (›Zunge, Sprache, Stimme‹).

Über zwanzig Jahre lang lehrte sie an der Universität Delhi, sie ist Mitgründerin von ›Women in Publishing India‹, einer Gruppe zur Förderung der Feminisierung des indischen Verlagswesens. Für ihr Buch ›The Other Side of Silence: Voices from the Partition of India‹ wurde sie mit mehreren Preisen ausgezeichnet.

AG *Welches Ziel verfolgten Sie mit der Gründung des ersten Frauenverlages in Delhi 1984?*

UB Die Gründung des Verlags war ganz zielgerichtet. Während meiner Studentenzeit in den 70ern wurde ich sehr stark in die Frauenbewegung involviert. Wir diskutierten und debattierten über den Feminismus, aber es gab kaum Bücher zu diesem Thema und die wenigen vorhandenen waren meist von westlichen Wissenschaftlern verfasst worden. Ich fand es wichtig, diesen Prozess des Informationsflusses umzukehren und beschloss, selbst Bücher zu verlegen, die sich mit indischen Frauenthemen und mit Frauengeschichte beschäftigen.

AG *Wie hat ihre Umgebung auf die Gründung eines Frauenverlages reagiert?*

UB Die Leute waren skeptisch, ob wir uns überhaupt auf dem Markt behaupten könnten. Die Skepsis hat sich schnell in Bewunderung gewandelt, als sie sahen, dass unsere Idee funktionierte. Aber wir wurden auch maßgeblich von der Frauenbewegung unterstützt, dadurch wurde das Unternehmen stark.

AG *Gibt es bestimmte Themen, über die indische Autorinnen der Gegenwartsliteratur bevorzugt schreiben?*

UB Frauen, vor allem diejenigen, die sich als Feministinnen sehen, schreiben über alle möglichen Themen – das Leben, Gewalt, Beziehungen, Freundschaften, politische Herrschaft, internationale Beziehungen, Mutterschaft, Kinder, kein Thema ist tabu. Indische Frauen haben keine Angst mehr, Themen aufzugreifen, die lange nicht als ihr Metier galten. Heute nehmen Autorinnen selbstbewusst die ganze Welt mit all Ihren Facetten wahr und schreiben über sie.

AG *Seit über 20 Jahren sind Sie in der Frauenbewegung engagiert. Inwiefern hat sich die Situation für Frauen in Indien in dieser Zeit verbessert?*

UB Schwer zu sagen, ob sich die Situation der Frauen in Indien verbessert hat. Das ist allein in den Regionen und Bundesstaaten so unterschiedlich, dass es unmöglich ist, von *einer* Situation zu sprechen. Beispielsweise können in Kerala 100 Prozent der Einwohner lesen und schreiben, in Rajasthan sind es gerade mal knapp 20 Prozent. Wie kann man die beiden Staaten nun vergleichen? Trotzdem können wir betrachten, ob sich Dinge verändert haben. Auf Regierungs- und Politikebene beispielsweise bemerkt man ein zunehmendes Interesse und ein wachsendes Verständnis für Frauen. Früher wurden Frauen als bedürftig angesehen, heute sieht man sie als wesentliche Akteure für die Entwicklung des Landes. Es gibt heute kein politisches Dokument, nicht einmal ein Manifest einer politischen Partei, das keine Frauenthemen aufgreift. Auf dem Papier hat sich also eine Menge geändert. Aber in der Realität sieht es anders aus: Da gibt es Armut, die negativen Auswirkungen der Globalisierung und außerdem nimmt die Gewalt gegen Frauen zu.

2005 hat die indische Regierung ein erstaunlich fortschrittliches Gesetz bezüglich häuslicher Gewalt erlassen, 1992 hat sie eine Gesetzesänderung vorgenommen, die eine Frauenquote von 33 Prozent für politische Ämter auf kommunaler Ebene festlegt, was zur Folge hat, dass heute mehr als 1,2 Millionen Frauen in gewählten Positionen in der kommunalen Politik aktiv sind. Einige der wichtigsten Staaten Indiens werden von Frauen regiert, Frauen leiten Topunternehmen. Die Situation hat sich wesentlich verbessert, aber sind die Dinge wirklich anders geworden? Wahrscheinlich nicht, denn mit Veränderungen tauchen auch neue Probleme auf.

AG *Wenn sie auf den wirtschaftliche Wandel blicken und Indiens neue Rolle in der globalisierten Welt, welche Auswirkungen haben diese Veränderungen auf das Leben der Frauen?*

UB Die Globalisierung hat einen wechselseitigen Einfluss. Einige Frauen werden tiefer in die Armut getrieben - zum Beispiel, wenn ihr Land zugunsten von Konzernen enteignet wird und sie nur eine dürftige Entschädigung erhalten. Sie verlieren dadurch ungemein viel, ihr Land, die Ernten, die Tiere, und das macht sie definitiv ärmer. Aber es gibt auch Frauen, die von der Globalisierung profitieren – sie können ihr Elternhaus verlassen und arbeiten in Call Centern oder IT-Firmen. Es ist nicht eindeutig, ob Frauen die Gewinner, die Verlierer oder vielmehr beides zugleich sind.

AG *Hat sich nur für Frauen der höheren und mittleren Gesellschaftsschichten in den Städten wesentliches geändert oder auch für Frauen der ärmeren Schichten oder für die Frauen auf dem Land? Kann es überhaupt einen gemeinsamen Nenner geben oder ist der Graben zwischen ihren Lebensstilen zu tief?*

UB Änderungen, wie zum Beispiel das Quotensystem für kommunale politische Positionen, haben einige Veränderungen im Leben der armen Frauen, der Frauen in den Dörfern, bewirkt. Aber es ist wahr, dass Frauen der Mittel- und Oberschicht sehr privilegiert leben und ihre Lebensrealität sehr weit von der ihrer armen Schwestern entfernt ist. Vor allem auf dem Land ist der Lebensstil noch immer sehr traditionsgebunden.

AG *Sind die feministischen Gruppen nach ihrem gesellschaftlichen Status oder nach Kasten getrennt? Haben die Unberührbaren, die Dalit-Frauen, eigene Gruppierungen?*

UB Eine der Lektionen, die die indische Frauenbewegung vom Westen gelernt hat, ist, keine Barrieren im Dialog aufgrund von unterschiedlichen Identitäten aufzubauen. Themen wie die Kastenidentität werden innerhalb der Bewegung bearbeitet, es gibt kein Thema, über das die Aktivistinnen nicht kommunizieren. Dalit-Frauen hatten anzweifelt, dass die Mainstream-Bewegung sich ausreichend mit der Kastenthematik beschäftigt. Daraufhin haben sie ihre eigenen Vereinigungen gegründet, arbeiten aber mit und auch aus der sogenannten Mainstream-Bewegung heraus.

AG *Frauengruppen in Indien waren sehr erfolgreich, sie haben Gesetzesänderungen wie die erwähnte Frauenquote auf politischer lokaler Ebene erreicht - eine herausragende Leistung - und damit bewirkt, dass weit mehr Frauen in Indien politisch aktiv sind als in westlichen Ländern. Wie war es möglich, diese Quote durchzusetzen?*

UB Als die Quote eingeführt wurde, erfuhr sie zunächst wenig Beachtung – ich denke nicht, dass jemand das Potential dieser Quotenregelung absehen konnte, sonst wäre der Widerstand dagegen sicherlich größer gewesen, wie wir das jetzt, bei unserem Versuch, die Quote auf die nationale Politik auszuweiten, bemerken. Aber die Frauenbewegung ist traditionell sehr stark und dynamisch und konnte vor allem auf der gesetzlichen Ebene einige wichtige Änderungen erreichen. Allerdings muss erwähnt werden, dass in den frühen Tagen der Bewegung der indische Staat den Anliegen der Aktivistinnen gegenüber entgegenkommender war, als es heute der Fall ist. Deshalb reicht es nicht mehr, Rechtsansprüche an den Staat zu stellen - Frauen müssen heute auf vielen verschiedenen Ebenen aktiv sein.

AG *Indische Frauengruppen sind bereits in vielen Bereichen tätig – z.B. Ökologie, Geschlechterverhältnis und Bildung. Denken Sie, dass eine große Vereinigung der zahlreichen Gruppierungen entstehen könnte, um all das Engagement zu bündeln?*

UB Ich denke nicht, dass das passieren wird. Obwohl es einerseits großartig wäre, würden wir andererseits Gefahr laufen, die Stimmen der Armen und Unterprivilegierten zu überhören. Aber die Frauengruppen des ganzen Landes kommen zusammen, um an bestimmten Themen zu arbeiten, beispielsweise an der Kampagne gegen die Mitgift, Vergewaltigung, Witwendiskriminierung und gegen geschlechtsspezifische Abtreibungen von Mädchen. All diese Themen sind landesweite Kampagnen. Frauengruppen gehen also lokal ihrer Arbeit nach und kommen immer wieder zusammen, um sich auszutauschen.

AG *Kann man die westliche Frauenbewegung mit der Indiens vergleichen?*

UB Zwei dermaßen unterschiedliche Dinge sind schwer vergleichbar. Der Fehler, den wir bei einem solchen Vergleich begehen, ist, die Frauenbewegung des Westens als die Norm zu sehen und jede andere Bewegung an ihr zu messen. Stattdessen sollten wir verschiedene Sichtweisen entwickeln und beides sehen, die Unterschiede und die Schnittpunkte, und was das Besondere und Kennzeichnende einer bestimmten Bewegung in ihrem eigenen Kontext und ihrer eigenen Geschichte ist.

AG *Was sind Ihrer Meinung nach die dringlichsten Probleme, die Indiens Frauen betreffend gelöst werden müssen?*

UB Definitiv gehören dazu: Armut, Nahrung, Gesundheit und Gewalt gegen Frauen. Aber es sind einfach zu viele, um sie alle aufzuzählen.

AG *Eine persönliche Frage zum Schluss - warum haben Sie sich in der Frauenbewegung engagiert?*

UB Zu meiner Studentenzeit war die Universität in Delhi ein Ort der politischen Diskussion. Einige meiner Kommilitonen haben sogar ihr Studium aufgegeben und sind als Mitglieder der bengalischen Kommunisten in den Untergrund gegangen. Ich habe nicht solch einen drastischen Weg beschritten. Ich wuchs in einer Familie auf, in der Geschlechterdiskriminierung nicht existierte und meine Mutter war eine mutige Frau. Als ich an der Universität war, wurde ich in die studentische Politik involviert, wir setzten uns für Veränderungen der Bedingungen im Studentinnenwohnheim und für Frauenbusse ein. Die Wahrnehmung von dem was richtig und was falsch war, war sehr ausgeprägt. Ich habe auch eine Menge über die Frauenbewegung in anderen Teilen der Welt gelesen - von da war es nur ein kleiner Schritt zur aktiven Beteiligung, und danach gab es keinen Weg mehr zurück. Heute ist Feminismus für mich so wichtig wie das Atmen, die Frauenbewegung ist mein Zuhause und meine Familie und ihre Grundsätze liegen allem zugrunde, was ich tue und ich bin sehr stolz darauf.

***AG** Vielen Dank für das Gespräch und alles Gute.*

Religionen

Land der Religionen

Indien ist die Wiege der Religionen Hinduismus, Buddhismus, Jainismus und Sikhismus. Der Islam, das Christentum und der Zoroastrismus, dessen Anhänger in Indien ›Parsen‹ genannt werden, kamen von außerhalb ins Land. Der Hinduismus ist mit einem Anteil von über 80 Prozent in der gesamten Bevölkerung am stärksten verbreitet, gefolgt vom Islam mit etwa 13 Prozent. Christen und Sikhs haben jeweils einen Bevölkerungsanteil von etwa 2 Prozent.

Buddhisten, Jains, Parsen und die Ureinwohner Adivasi stellen jeweils einen Bevölkerungsanteil von circa 0,5 Prozent und sind damit als religiöse Minderheit anzusehen.

Hinduismus

Der Hinduismus ist ein komplexes Konstrukt sozialer, religiöser und philosophischer Vorstellungen und setzt sich aus Elementen unterschiedlicher Strömungen zusammen. Die drei Hauptströmungen sind der Vishnuismus, der Shivaismus und der Shaktismus. Hier werden jeweils die Götter Vishnu und Shiva mit ihren mannigfachen Inkarnationen und im Shaktismus die große Göttin Mahadevi verehrt. Daneben gibt es unzählige weitere Manifestationen der Götter, wie beispielsweise den elefantenköpfigen Ganesh. Die philosophischen Lehren der unterschiedlichen Strömungen weichen zum Teil stark voneinander ab, der Glauben an Reinkarnation und den Kreislauf von Leben und Tod vereint die meisten Hindus, ebenso der Ansatz, die zahlreichen Götter als Erscheinungsformen eines einzigen Gottes zu betrachten.

Trotz der Unterschiede zwischen den einzelnen Ausrichtungen, können die Anhänger der verschiedenen Strömungen gemeinsam beten und feiern. Die Einheit in der Vielfalt zu finden ist einer der Leitfäden und eine häufig verwendete Redewendung des modernen Hinduismus.

Das Leben eines gläubigen Hindus ist von seiner Religion bestimmt und durchdringt sämtliche Lebensbereiche. Eine wichtige Rolle für den persönlichen Glauben nehmen Gurus, religiöse Lehrer, ein. Im Gegensatz zu den anderen Weltreligionen kennt der Hinduismus keinen Gründer und keine zentrale Institution.

Entstehungsgeschichte

Als eine der ältesten Religionen der Welt, reichen die Wurzeln des Hinduismus bis ins 3. Jahrtausend v. Chr. zurück. Die Ausbreitung des Hinduismus erfolgte ab 1000 v. Chr., als nomadische Arier Nordindien besiedelten und die dravidische Urbevölkerung besiegten. Ihre Glaubensvorstellungen vermischten sich mit denen der Ureinwohner und bildeten in einer Synthese den Hinduismus.

Die Zeitspanne von 1500 v. Chr. bis 1000 v. Chr. wird als Vedismus bezeichnet. In dieser Phase wurden die Veden niedergeschrieben, heilige Schriften, die in Hymnen verfasst sind. Der älteste Text, die Rigveda, richtet sich an Naturgottheiten und ist in der alten indogermanischen Sprache Sanskrit geschrieben. Die Entstehung des Kastensystems und dessen Unterteilung in vier gesellschaftliche Gruppen fällt in diese Epoche.

Im nachfolgenden Brahmanismus von 1000 v. Chr. bis 500 v. Chr. formte sich der Hinduismus in seinen zentralen Ausprägungen und Kernaussagen heraus. Mit der Entstehung des Schöpfergottes Brahma rückten die Naturgottheiten in den Hintergrund. Die Beschreibung von komplizierten Ritualen und Opferhandlungen wurde in den sogenannten Brahmanas festgelegt, die ausschließlich Priestern, den Brahmanen, vorbehalten waren. Durch den daraus resultierenden Wissensvorsprung setzten sich die Priester an die Spitze der hierarchisch strukturierten Gesellschaft.

Um 600 v. Chr. sind die Upanishaden entstanden. In diesen essentiellen philosophischen Schriften wurde die bis heute gültige Basis des Hinduismus gelegt - die Lehre von der Weltseele Brahman und Atman, der Essenz jedes Individuums, von der Wiedergeburt, der Vergeltung der Taten und der Erlösung.

Um das 4. Jahrhundert v. Chr. entstanden die beiden großen indischen Nationalepen Ramayana und Mahabharata. In diesen Werken werden die Heldentaten verschiedener Gottheiten beschrieben und die zentralen hinduistischen Ideen ausgeführt. Besonderer Bedeutung kommt der Bhagavad-Gita zu. Dieses spirituelle Gedicht ist Teil des 100.000 Strophen umfassenden Epos Mahabharata und eine der zentralen Schriften des Hinduismus. Sie wird von den Hindus als Essenz der Veden betrachtet. Die

Geschichten der Götter Rama und Sita, des Affengottes Hanuman und des Dämons Ravana sind noch immer populär und die in diesen Geschichten beschriebenen richtigen oder verwerflichen Verhaltensweisen dienen auch heute vielen Menschen zur moralischen Orientierung.

Die religiösen und sozialen Regeln, nach denen der Mensch sein Leben ausrichten soll, sind in Dharmabüchern niedergeschrieben, von denen das Gesetzbuch des Manu am bekanntesten ist. In dem etwa 200 v. Chr. entstandenen Werk wird detailgenau aufgelistet, wie sich der Mensch im hinduistischen Sinne zu verhalten und welche kastenspezifischen Regeln und Rituale er einzuhalten hat.

Hinduistische Philosophie

Der Hinduismus geht von einer Einheit allen Lebens aus und steht mit dieser ganzheitlichen Weltsicht diametral zur christlichen Lehre, in welcher der Mensch als Krönung der Schöpfung betrachtet wird. Die Grundlage der hinduistischen Weltanschauung basiert auf der Vorstellung von Reinkarnation, in der die unsterbliche Seele des Menschen viele Wiedergeburten (Samsara) durchläuft, bis sie Erlösung (Moksha) findet. Der Erlösungsgedanke gründet sich auf dem Ziel der Verschmelzung der individuellen Seele (Atman) mit der Weltseele (Brahman), der Einheit von Mensch und Ewigkeit. Der Einzelne kann Einfluss auf dieses Ziel nehmen, da die Erlösung in direkter Verbindung zu seinen Handlungen und Taten steht.

Je mehr das Leben also den religiösen und sozialen Gesetzen (Dharmas) entspricht, desto eher kann der Mensch dem Kreislauf der Wiedergeburten entkommen und Erlösung finden. Er kann aber genauso durch unrechtes Handeln mit einer niederen Wiedergeburt bestraft werden.

In der hinduistischen Vorstellung müssen zahlreiche Wiedergeburten durchlaufen werden, in denen sich die Seele entweder vor- oder zurückentwickelt, bis sie Erlösung findet. Der Einfluss von Handlungen auf zukünftige Leben wird Karma genannt. Der Mensch mit seinen Eigenschaften und Lebensbedingungen ist also immer das Produkt seiner Taten in vorangegangenen Leben, welche die Geburt in eine bestimmte Kaste oder die Wiedergeburt als Tier bestimmen.

Daraus resultiert eine fatalistische Grundeinstellung: Die eigene Situation wird als selbstverursacht und unabwendbar hingenommen und klaglos akzeptiert.

Heilige Kühe

22 Millionen Kühe leben auf dem indischen Subkontinent und prägen das Straßenbild wie kein anderes Tier - sie stehen seelenruhig inmitten des tosenden Verkehrschaos, behindern den Verkehr, liegen schläfrig auf den schmalen Gehwegen oder wühlen in Müllbergen am Straßenrand nach Nahrung. Auf dem Land ist das Leben einer Kuh ungleich besser als in der Stadt - hier gehören sie fast schon zur Familie und werden gehegt und gepflegt, weil sie Wohlstand für ihren Besitzer bringen und als heilig angesehen werden. Gläubigen Hindus bringt die Kuh Segen und wer einer Kuh das Leben nimmt, begeht aus hinduistischer Sicht einen Mord.

In der Mythologie wird die Kuh mit dem Gott Krishna in Verbindung gebracht. Als Hirtenjunge wuchs dieser inmitten der Wiederkäuer auf und wurde von ihnen genährt. Häufig wird Krishna mit einer Flöte dargestellt, dem traditionellen Instrument der Kuhhirten. Das Füttern einer Kuh gilt bis heute als heilige hinduistische Handlung. Eine Frau mitsamt Kuh und Gras vor einem Tempel ist nicht weiter verwunderlich - für das eigene Seelenheil (und für ein paar Rupien) kann der gläubige Tempelbesucher die heilige Fütterung direkt vor Ort durchführen. Bereits in den alten vedischen Schriften erhält die Kuh einen heiligen Status und wird als ›Erfüllerin der Wünsche‹ bezeichnet. In religiöser Hinsicht sind die Produkte der Kuh notwendig, um bestimmte Opfertätigkeiten und Bestattungsrituale durchzuführen, so z.B. die Salbung von Toten mit Butterschmalz vor der Verbrennung.

Neben der religiösen Bedeutung hat die Kuh auch großen ökonomischen Wert. Lampenöl aus Butterschmalz und Bau- und Brennmaterial aus getrocknetem Kuhdung werden landesweit genutzt. In einigen Regionen floriert seit neuestem das Geschäft mit Kuhurin, der als Wundermittel gegen allerlei Krankheiten verkauft wird. Selbstverständlich werden Kühe auch als Arbeitstiere eingesetzt und bilden eine wichtige Hilfskraft in der traditionellen indischen Landwirtschaft - ihre Heiligkeit schützt also keinesfalls vor harter Arbeit.

Auch wenn der Konsum von Rindfleisch im modernisierten Indien zunimmt, lehnen fast alle Hindus den Verzehr des Fleisches der heiligen Tiere ab. Vegetarismus ist nach hinduistischer Weltsicht kein Muss, wird aber als ethisch höherwertigere Lebensweise angesehen. Zum einen, weil Fleisch ein Produkt der Tötung und damit nicht rein (sattvic) ist, zum anderen, weil der Glaube an Karma und Wiedergeburt ein neues Leben als Tier nicht ausschließt. Und wer isst schon gerne die eigene Schwiegermutter?

Während die Kuh in vielen Gegenden verehrt wird, gerät sie in Delhi unter die Räder der Modernisierung. Bereits 2002 nahm sich der oberste Gerichtshof in Delhi der Angeklagten an, da die Kuh aus dem Stadtbild verschwinden sollte. Sie sei eine Gefahr und zudem eine Schande für das aufstrebende Indien. Um die freilaufenden Tiere loszuwerden, gab es verschiedene Versuche: diese reichten von Bußgeldern und Sperrung des Stroms für die Besitzer der Kühe über die Bereitstellung großer Asyl-Grünflächen am Stadtrand bis hin zu Mikrochips in Kuhmägen - Delhis 40.000 Kühen sollte eine Kapsel mitsamt Chip eingepflanzt werden, damit die Daten der Besitzer digital abgelesen werden können. In Delhi hat die Kuh kein einfaches Leben mehr, gejagt von Fangtrupps, digitalisiert und mit schwerverdaulichem Plastikmüll im Magen fällt ihre Heiligkeit der Modernisierung nach und nach zum Opfer.

Hinduistisches Gesellschaftssystem

In den alten Schriften Dharma Shastra wird die Gesellschaft in vier Gruppen unterteilt, die mit dem Sanskritwort Varna (Farben) bezeichnet sind. An oberster Stelle in dem hierarchischen System stehen die Brahmanen (Priester und Gelehrte), an zweiter Stelle folgen die Kshatriyas (Krieger), gefolgt von den Vaishyas (Händler und Bauern) und an letzter Stelle den Shudras (Arbeiter und Diener). Jede dieser Gruppen hat bestimmte Aufgaben und religiöse Pflichten. Unterhalb dieser Gruppen stehen die Dalits, die früher als Unberührbare bezeichnet wurden und als unrein galten. Bestimmte, als unrein geltende Tätigkeiten, wie das Entsorgen von Müll oder das Leeren von Latrinen, durften nur von den Unberührbaren verrichtet werden.

Neben den vier Varnas gibt es die differenziertere Einteilung in Jatis (Kasten). Im Laufe der Zeit haben sich etwa 3.000 Unterkasten herausgebildet. Jede dieser Jatis hat eigene Regeln und Vorschriften, die das soziale und religiöse Leben ihrer Anhänger bestimmen. Eine Heirat über die Grenze der eigenen Kaste hinaus war Jahrhunderte lang undenkbar und wurde streng geahndet.

Religiöses Alltagsleben

Rituelle religiöse Handlungen sind in den meisten hinduistischen Familien fester Bestandteil des Alltags. In täglichen Ritualen (Pujas) werden die Götter verehrt und gnädig gestimmt. An einem kleinen Hausaltar mit einem Bild der verehrten Gottheit werden Blumen als Opfer gebracht, Räucherstäbchen entzündet und Gebete oder Lieder rezitiert. Feste Zeiten dafür gibt es nicht. An besonders wichtigen Feiertagen versammelt sich die Familie mitsamt der Verwandtschaft und legt Speisen vor dem Götterbild ab. Die Speisen werden dadurch zu Prasad, heiligem Essen, und anschließend unter den Anwesenden verteilt.

Neben der Huldigung der Götter vor dem Hausaltar gehört der Besuch von Tempeln fest zum religiösen Alltag eines gläubigen Hindu. In den Tempeln führen Priester aufwändige Zeremonien durch und bringen Opfergaben wie Kokosnüsse, Blumenkränze oder Süßigkeiten dar. Für gläubige Hindus ist das Erleben spiritueller Erfahrungen ein wichtiges Element ihrer Religiosität. Oft übernimmt ein Guru, ein religiöser Lehrer, die Überwachung des spirituellen Fortschritts und leitet zu spirituellen Übungen, wie zum Beispiel Meditationen, an.

Wallfahrten sind ein weiteres wichtiges Element in der hinduistischen religiösen Praxis. Pilgerfahrten zu Orten, die meist einer Gottheit geweiht sind, setzen Hunderttausende in Bewegung. An vielen heiligen Orten Indiens finden große, pompöse Feste zu Ehren verschiedener Gottheiten statt, die religiöses Erleben kollektiv erfahrbar machen. Einer der wichtigsten Pilgerorte ist Varanasi, das von den Briten Benares genannt wurde. Als heiligster Ort der

Hindus am Gangesufer gelegen, nimmt er eine ähnlich wichtige Rolle für Hindus ein wie Mekka für Muslime. Nach hinduistischer Vorstellung sollte ein gläubiger Hindu zumindest einmal im Leben diese Stadt besuchen und sich im Wasser des Ganges von den Sünden reinwaschen. Hier zu sterben und sich am Gangesufer verbrennen zu lassen, ist nach hinduistischer Anschauung der beste Weg, das irdische Dasein zu beenden.

Indiens heilige Männer - die Sadhus

Als 2001 das hinduistische Fest Kumbh Mela in Allahabad mit 90 Millionen Besuchern stattfand, gingen Bilder um die Welt, die die Bewohner der westlichen Hemisphäre verblüfften - zahllose mit Asche beschmierte Männer mit langen Dreadlocks nahmen rituelle Bäder, Heilige mit Gesichtsbemalung saßen kiffend auf der Straße, unzählige Sadhus drängten in den heiligen Ganges. In Indien leben vier bis fünf Millionen indische Bettelmönche, die Sadhus, das sind etwa 0,5% der Gesamtbevölkerung.

Sadhus geben ihr weltliches Leben völlig auf und widmen sich der Suche nach Erlösung und spiritueller Entwicklung. Manche wandern umher, andere leben in Höhlen, einige leben in der Nähe von Tempeln, wieder andere ziehen die absolute Abgeschiedenheit vor. Ein asketisch geführtes Leben ist allen Sadhus gemein. Ziel ist die Befreiung aus dem Kreislauf der Wiedergeburten, die durch Praxis von Askese und Meditation angestrebt wird.

Die Welt wird nur als Schein und Trug angesehen, Maya genannt, und genau dieser versuchen sich die heiligen Männer zu entsagen. Es gibt Sadhu-Organisationen wie die Ramakrishna Mission, deren Anhänger sich neben ihrer spirituellen Weiterentwicklung auch humanitär betätigen und Unterstützung für Arme organisieren.

Das hinduistische Ideal sieht vor, die letzte Phase des Lebens der spirituellen Suche zu widmen, frei von allem Weltlichen wie persönlichem Besitz oder emotionalen Bindungen.

Viele Männer entschließen sich bereits in jungen Jahren zu einem Leben als Sadhu. Ist der Entschluss gefasst, muss der Suchende zunächst einen passenden Guru, einen Lehrmeister, finden, der ihn in die spirituelle Lehre und Techniken der Meditation und Askese unterweist. Je nach Lehrer wird ihm dann eine bestimmte Aufgabe übertragen. Das kann absolute Enthaltsamkeit sein, strenges Fasten oder Einsiedelei in Wäldern oder Höhlen, oft verknüpft mit selbstauferlegten Qualen wie das Erleiden von Hunger, Durst, Hitze oder Kälte. Manche legen sich auf Dornen, vergraben sich stundenlang in der Erde, stehen jahrelang auf einem Bein oder üben sich darin, mehrere Ziegelsteine mithilfe ihres erigierten Penis anzuheben.

Einige Sadhus haben dadurch bizarre Weltrekorde aufgestellt wie das 17jährige Stehen auf einem Bein oder das 25jährige Hochhalten des rechten Armes. Sadhus befinden sich auf permanenter Wanderschaft und halten sich meist nie lange an einem Ort auf, da der Glaube besagt, dass ständige Bewegung Geist und Körper fit und wach hält. Die Haare werden nicht mehr geschnitten und in Dreadlocks oder verfilzt getragen.

Der Großteil der Sadhus hängt dem Shivaismus an, der Verehrung Shivas. Zahlreiche dieser Gefolgsleute Shivas sind von Kopf bis Fuß mit Asche bedeckt und tragen einen schmiedeeisernen Dreizack, eines der Attribute Shivas. Meist führen die heiligen Männer einen Essnapf und einen Stock bei sich, die Kleidung ist in der Regel orangefarben, manche Gruppen leben auch völlig nackt.

Ganja und Haschisch sind beliebte Hilfsmittel auf dem göttlichen Pfad - und aus den Chillums, den röhrenförmigen Haschischpfeifen, steigen Wolken auf, die selbst beim bloßen Passieren die Sinne vernebeln. Der Besitz von Haschisch ist in Indien zwar illegal und wird mit strengen Strafen geahndet, bei den Sadhus wird der Konsum allerdings auf Grund ›religiöser Notwendigkeit‹ toleriert.

Bereits in den vedischen Schriften finden diese heiligen Männer Erwähnung. Die uralte Tradition sprach in den 60er Jahren viele Europäer und US Amerikaner an, die auf Sinnsuche in Indien unterwegs waren. Einige von ihnen folgten dem steinigen Pfad der Sadhus und lebten und leben immer noch in Askese und Einsamkeit.

Vielen war das Leben der Sadhus, der wandernden Bettelmönche, allerdings zu beschwerlich. Sie schlossen sich lieber den sesshaften Gurus, den spirituellen Lehrern, an und lebten in deren Nähe. Ein Guru vermittelt seinen Anhängern das nötige Wissen auf ihrem Weg zur Erlösung. Es gibt Gurus mit einem oder nur wenigen Schülern, andere Gurus sind weithin berühmt und haben Abertausende Anhänger. Vor allem die Ashrams der Gurus Maharishi Mahesh Yogi, Bhagwan Rajneesh und Sai Baba wurden zu Anlaufstellen der Sinnsucher. Noch heute sind die klosterähnlichen Meditationszentren (Ashrams) beliebte Anlaufstationen westlicher Besucher. Tausende pilgern jedes Jahr zum Ashram von Amma, ›the hugging mother‹, in deren Umarmung spirituelle Erfahrung gesucht wird oder zum Ashram von Bhagwan in Pona, um sich in Meditationstechniken zu versuchen.

Erwähnung finden muss Vivekananda, der 1883 als erster Hindu vor dem Weltparlament der Religionen in Chicago sprach. Er war Schüler des indischen Gurus Ramakrishna und trug dessen Lehren in den Westen. Hinduismus und Yoga wurden durch ihn erstmals einer breiten Öffentlichkeit in den USA und Europa vorgestellt. Zudem gründete er die Ramakrishna-Mission, einen Mönchsorden, der neben der Verbreitung der spirituellen Lehre vor allem soziale Arbeit leistet und Krankenhäuser, Schulen und Waisenhäuser errichtet.

Sadhu werden kann jeder Hindu, unabhängig von Herkunft oder Kaste. Die indischen Mönche gehören zum Alltag, besonders bei religiösen Festen oder in den heiligen Städten versammeln sie sich. Bevorzugt werden Städte aufgesucht, in denen Shiva verehrt wird, beispielsweise Rishikesh, Gangotri und Varanasi, das frühere Benares. Viele Hindus unterstützen die Sadhus mit Nahrung und Almosen, weil sie in ihnen eine Manifestation des Heiligen sehen. Dass es zahlreiche Scharlatane unter ihnen gibt, die ein bequemes Leben ohne Arbeit vorziehen und es mit der spirituellen Suche nicht allzu ernst meinen, wird von vielen Indern kritisch gesehen. Ein Blick in die Augen eines Sadhus kann vieles offenbaren - unbestreitbar strahlen viele von ihnen Weisheit und Lebensfreude aus und scheinen dem Geheimnis des Lebens ganz nahe zu sein.

Islam

Der Islam begründet sich auf den Propheten Mohammed (570 n. Chr. - 632 n. Chr.) und die Niederschrift seiner Offenbarungen im Koran, dem heiligen Buch der Muslime.

Wesentlich für die religiöse Praxis der Muslime sind die Einhaltung der fünf Grundsätze des Islam: das Glaubensbekenntnis, das täglich fünfmalige Gebet gen Mekka, Almosen für Bedürftige zu geben, die Einhaltung des Fastenmonat Ramadan und die Pilgerfahrt nach Mekka.

Bereits im 7. Jahrhundert n. Chr. gelangte der Islam mit Händlern nach Indien, aber erst gegen Ende des 10. Jahrhundert kamen muslimische Eroberer ins Land und erreichten durch eine Ausdehnung des Herrschaftsbereiches der Moguln in den darauffolgenden Jahrhunderten eine Verbreitung des Islam in größerem Umfang. Von allen islamistischen Strömungen fand der Sufismus bei den indischen Muslimen besonders viele Anhänger. Bestimmt wird der Sufismus dadurch, dass die religiöse Erfahrung durch intensive Meditation, strenge Askese und Mystik gesucht wird.

Die zahlreichen und kriegerischen Auseinandersetzungen zwischen moslemischen Eroberern und indischen Königen waren Konflikte um Macht und Einfluss, keine Glaubenskriege. So waren Hochzeiten zwischen moslemischen Herrschern und hinduistischen Prinzessinnen durchaus möglich, was über Jahrhunderte mit zu einer gegenseitigen kulturellen Befruchtung führte. Besonders im Bereich der Architektur, aber auch in der Medizin und der kulinarischen Ausrichtung tritt diese Einflussnahme auch heute noch zu Tage.

Nach der Teilung des Landes in das moslemische Pakistan und das hinduistische Indien kam es zu Massakern und Massenfluchten (siehe auch: Geschichte Indiens) - seitdem ist Indien immer wieder Schauplatz religiöser Konflikte zwischen militanten Hindus und Moslems.

Buddhismus

Obwohl Indien das Ursprungsland des Buddhismus ist und dieser fast ein Jahrtausend Staatsreligion war, liegt der heutige Anteil der Buddhisten der indischen Gesamtbevölkerung nur noch bei 0,7 Prozent. Begründer des Buddhismus ist Siddharta Gautama, der um 560 v. Chr. als Sohn eines Fürsten geboren wurde. Getrieben von der Suche nach Erkenntnis, verließ er mit 29 Jahren sein luxuriöses Umfeld, um sieben Jahre in strenger Askese zu leben. Schließlich gelang es ihm nach mehrtägiger Versenkung unter einem Bodhibaum in Bodhgaya, Erkenntnis zu finden und dadurch den Kreislauf der Wiedergeburten zu beenden. Indem Siddharta Gautama in Bodhgaya erleuchtet worden war, wurde er zum Buddha, dem Erleuchteten. Anschließend zog er als Wanderprediger durch die Ganges-Ebene und verkündete seine Lehre von den vier edlen Wahrheiten und dem edlen achtfachen Pfad.

Die erste Wahrheit besagt, dass alles Leben Leiden sei. Die zweite Wahrheit, dass alles Leiden durch Begierden hervorgerufen werde. Die dritte Wahrheit sagt aus, dass das Leiden beendet werden könne. Dass die Beendigung des Leidens durch das Beschreiten des achtfachen Pfades möglich sei, ist die vierte Wahrheit.

Wenn das Leben nach den Prinzipien des achtfaches Pfades ausgerichtet sei - nach rechter Gesinnung, Rede, Erkenntnis, Tat, Streben, Lebenswandel, Achtsamkeit und Versenkung - dann werde das nächste Leben auf einer höheren Daseinsstufe möglich und in letzter Konsequenz die Folge ewiger Wiedergeburten durchbrochen, indem man in den Zustand ewiger Seligkeit (Nirvana) eintrete und selbst zum Buddha werde.

Während der Regierungszeit des Königs Ashoka im 3. Jahrhundert v. Chr. verbreitete sich der Buddhismus über ganz Indien und weit darüber hinaus. Ashoka selbst konvertierte zum Buddhismus und erklärte ihn zur Staatsreligion. Im 9. Jahrhundert n. Chr. erstarkte der Hinduismus und als im 12. Jahrhundert die Muslime die buddhistischen Klöster zerstörten, verlor der Buddhismus in Indien endgültig an Bedeutung.

Jainismus

Ebenso wie der Buddhismus entstand der Jainismus im 6. Jahrhundert v. Chr. Deutliche Parallelen zum Hinduismus und zum Buddhismus finden sich im Glauben an Wiedergeburt, an Erlösung und das Fehlen eines Gottes. Der Weg zur Überwindung des Kreislaufs von Geburt und Wiedergeburt führt über strenge Askese, Meditation und sittliches Handeln. Der Begründer des Jainismus,

Mahavira, lebte fast zur gleichen Zeit wie Buddha. Er leitete eine Reformbewegung gegen die verkrusteten Strukturen des Brahmanismus ein. Vor allem das Kastensystem, mit der daraus resultierenden, gesonderten Stellung der Brahmanen, wollte er verändern. Mahavira gilt als der letzte der 24 sogenannten Furtenbereiter (Tirthankaras), die als Mittler zwischen der materiellen und spirituellen Welt gelten und Erlösung gefunden haben sollen.

Ein wesentliches Grundprinzip des Jainismus ist die Gewaltlosigkeit allen Lebewesen gegenüber, weswegen manche Gläubige einen Mundschutz tragen, um nicht versehentlich ein Lebewesen einzuatmen. Die uneingeschränkte Achtung vor allem Leben macht eine Tätigkeit im landwirtschaftlichen oder militärischen Bereich unmöglich. So arbeiten Jains vor allem als Akademiker und im Handel und gehören zu den wohlhabendsten, bestgebildeten Schichten im Land.

Sikhismus

Der Sikhismus ist im 15.Jahrhundert entstanden und geht auf Guru Nanak (1469-1539) zurück. Der Kritiker des Kastensystems entwarf eine Religion, die auf Elementen des Hinduismus und des Islams basiert. Wie der Islam, bezieht sich auch der Sikhismus auf einen einzigen Gott. Vom Hinduismus hat er den Glauben an die Wiedergeburt übernommen, negiert aber gleichzeitig den hinduistischen Wunderglauben und das Kastensystem. So stehe der Weg zur Erlösung allen offen, unabhängig von Geschlecht, Herkunft oder Religion. Gemäß dem Kausalitätsprinzip wird jedem Gedanken und jeder Handlung eine entsprechende Wirkung zugesprochen. Eine tugendhafte Lebensführung ist deswegen einer der wichtigsten Pfeiler in der Sikh-Lehre. Ein sozial verantwortliches Leben in der Familie, aber auch in der Gesellschaft zu führen und nach spiritueller Entwicklung zu streben, sind zentrale Aspekte des Sikhismus. Frauen wird eine gleichberechtigte Rolle zugesprochen.

Männlichen Sikhs zeichnen sich durch fünf Merkmale aus: ungeschnittenes Haupt- und Barthaar, Turban, Kamm, Dolch, knielange Hose und eiserner Armreif. Alle Sikhs tragen als Symbol ihrer Gemeinschaft und als Zeichen gegen eine hierarchische Gesellschaftsordnung einen gemeinsamen Nachnamen: Singh (Löwe). Die Sikhs zählen in Indien zu den wirtschaftlich erfolgreichsten Gruppierungen.

Die Sikhs hatten eine Reihe von Gurus, die als Reinkarnation der früheren Gurus galten und als Lehrmeister die Gläubigen unterrichteten. Das heilige Buch der Sikhs beinhaltet die gesammelten Schriften der Gurus und wird im goldenen Tempel von Amritsar, dem religiösen Zentrum der Sikhs, aufbewahrt. Mit dem Tod des zehnten Gurus im Jahre 1708 endete die Linie der religiösen Lehrmeister. Seitdem wird das heilige Buch ›Guru Adi Granth‹ direkt als Guru verehrt.

Zoroastrismus

Vom persischen Prophet Zarathustra um 700 v. Chr. gegründet, war diese nach ihm benannte Religion über 1.000 Jahre lang Staatsreligion in Persien, bis eine muslimische Invasion die Anhänger des Zoroastrismus zur Flucht zwang.

Um 700 n. Chr. gelangte eine Flüchtlingsgruppe nach Nordwestindien, wo sie ihrem Herkunftsgebiet entsprechend Parsen genannt wurden. Ab Mitte des 18. Jahrhundert wurden die Parsen zu erfolgreichen Händlern, die eng mit der englischen Besatzungsmacht zusammenarbeiteten. Noch heute gehört die mit 100.000 Anhängern zahlenmäßig kleine Gruppe zu den reichsten

Bevölkerungsschichten und lebt hauptsächlich in Mumbai und Gujarat.

Die Philosophie des Parsismus zeichnet sich durch eine dualistische Weltsicht aus, in der sich Gut und Böse in einem ständigen Kampf befinden. Auf der einen Seite steht der Schöpfergott Ohrmuzd, der für das gute Prinzip steht, sein Konterpart ist Ahirman, der Herrscher über das Reich des Bösen. Durch sittliches, friedvolles Handeln und gute Gedanken kann der Mensch das Böse überwinden und in Übereinstimmung mit der guten Ordnung leben, was nach parsischer Vorstellung die Voraussetzung für den Eingang ins Paradies ist.

Der Tod wird dem bösen Prinzip zugeordnet, weswegen der Leichnam als verunreinigt gilt. Um die Elemente Erde, Wasser, Feuer und Luft nicht zu beschmutzen, erfolgt die Bestattung auf den sogenannten ›Türmen des Schweigens‹. Hier wird die Zersetzung der Toten den Naturkräften und den Geiern überlassen.

Christentum

Bereits im 1. Jahrhundert, so der Glaube der syrischen Christen aus Kerala, soll das Christentum mit dem Apostel Thomas nach Indien gelangt sein, der hier die ersten christlichen Gemeinden Indiens gegründet haben soll. Im größeren Ausmaß erfolgte die Christianisierung durch die Portugiesen im 16. Jahrhundert, die Goa als Basis der christlichen Missionierung auswählten und in den folgenden Jahren die Christianisierung gewaltsam vorantrieben. Während der Kolonialherrschaft galt der missionarische Eifer vor allem den unteren Kasten und der Stammesbevölkerung. Interessanterweise haben die zum Christentum Bekehrten häufig Elemente aus dem Hinduismus, wie zum Beispiel das Kastensystem, beibehalten. Auch in die Liturgie flossen Elemente hinduistischer Rituale ein.

Auch wenn die Christen lediglich gut zwei Prozent der gesamtindischen Bevölkerung ausmachen, sind sie in den südindischen Regionen Goa und Kerala durchaus einflussreich und stark vertreten - in Goa haben die Christen einen Bevölkerungsanteil von 35 Prozent, in Kerala stellen sie ungefähr 20 Prozent der Bevölkerung.

Indiens Götterwelt

Eine genaue Angabe über die Anzahl der Götter Indiens gibt es nicht - zwischen 3.000 und drei Millionen sollen es sein. Wie der Mensch in der hinduistischen Religion wiedergeboren wird, so reinkarnieren sich auch die Götter im indischen Götterhimmel. Mitsamt der Gemahlinnen und großen Kinderschar ist eine unübersichtliche Götterwelt entstanden, die wohl selbst kein Inder wirklich überblicken kann. Hinzu kommen zahlreiche lokale Gottheiten, die ebenfalls in den hinduistischen Pantheon aufgenommen werden.

Dabei fing es eigentlich ganz übersichtlich an: mit der als Trimurti bezeichneten Dreieinigkeit der Götter Vishnu, Brahma und Shiva, wobei jedem dieser drei Götter eine eigene Aufgabe zukommt. Vishnu ist der Erhalter der Welt und hat sich im Laufe der Zeitalter zehnfach als Avatar in der Gestalt eines Menschen oder Tieres inkarniert. Lakshmi ist seine Frau und die Göttin der Schönheit und des Reichtums. Bei jeder Inkarnation Vishnus steht sie ihm als Gefährtin, ebenfalls in neuer Erscheinung, zur Seite. Von den zehn inkarnierten Avataren Vishnus sind Rama und Krishna die bekanntesten.

Der Gott Rama, die siebte Inkarnation Vishnus, wird meist dunkelhäutig und mit Pfeil und Bogen ausgestattet dargestellt. Seine Geschichte wird im Heldenepos Ramayana erzählt. Verbannt in den Wald und seiner Gattin Sita beraubt, schafft er es, mit

Unterstützung des Affengottes Hanuman den Entführer und Dämonenfürst Ravana zu besiegen. Hanuman hat einen muskulösen menschlichem Körper und ein Affengesicht. Als Befehlshaber eines Affenheeres steht er als loyaler Untergebender seinem Herrn Rama helfend zur Seite. Als sanftmütig, schlau und stark wird der Affengott im Epos Ramayana beschrieben. Er ist der Schutzpatron der Ringer und Wanderasketen.

Auch Krishna, der achte Avatar Vishnus, ist sehr beliebt und an seiner blauen Körperfarbe und einer Flöte zu erkennen. Als Hirtenjunge treibt er schelmische Streiche mit den Gopis, den Hirtenmädchen, die ihm allesamt verfallen. Eine beliebte Darstellung zeigt, wie er sich mit den Kleidern der badenden Mädchen davonstiehlt. Seine geistige und erotische Liebe gewinnt Radha, eines der Hirtenmädchen und die Inkarnation von Lakshmi, Göttin der Schönheit und des Glücks. Diese Verbindung und die unerfüllte Liebe der Hirtenmädchen stehen als Symbol der Liebe Gottes zum Menschen und der sehnsuchtsvollen Liebe der Menschen zu Gott.

Brahma, der zweite Gott aus der Reihe der Dreieinigkeit, steht für die Schöpfung der Welt, aus ihm wächst alles Leben. Im Gegensatz zu den mannigfachen Verehrungsstätten der anderen beiden Götter des Dreigespanns gibt es nur einen Tempel in Pushkar, der Brahma geweiht ist. Auf Darstellungen blickt er meist mit vier Gesichtern in die unterschiedlichen Himmelsrichtungen. Seine Gemahlin Sarasvati gilt als die Erfinderin der Künste und des Alphabets.

Als Zerstörer, zugleich aber auch als Erneuerer der Welt gilt Shiva. Häufig wird er mit gräulicher Gesichtsfarbe, einer Mondsichel auf dem Kopf und drei waagerechten Aschestreifen auf der Stirn dargestellt. Shiva tritt in zahlreichen, zum Teil widersprüchlichen Formen in Erscheinung. Als ekstatischer Tänzer Nataraja in einem Feuerrad symbolisiert er die Zerstörung der Welt und zugleich deren Erneuerung. In der Gestalt des Pashupatinath mit einem Leopardenfell bekleidet, um das sich Schlangen winden, ist er der Beschützer der Tiere. Seine Widersprüchlichkeit zeigt sich deutlich in seinen unterschiedlichen Rollen als meditativer Asket, der auf dem heiligen Berg Kailash haust und als Gatte von Parvati. Parvati selbst taucht in verschiedenen Inkarnationen als Kali, Durga und Sati auf. Als treue, ihm bis in den Tod folgende Gattin verbrennt sie sich der Überlieferung zufolge selbst auf einem Scheiterhaufen, worauf sich die Witwenverbrennung, die Sati, gründet. Blutrünstig und grausam erscheint sie als Kali, eine schwarze nackte Frauenfigur mit einer Kette aus Menschenschädeln, einem Rock aus abgeschlagenen Armen und herausgestreckter Zunge. In ihren zahlreichen Händen schwingt sie Sicheln und einen abgetrennten Menschenkopf. So grausam die Darstellung der schwarzen Göttin ist, so wenig einseitig wird sie gesehen. Kali gilt als Göttin der Zerstörung, die durch ihre Sicheln von Unwissenheit und Bindungen befreit und dadurch den Weg zur Erlösung ebnet. Sie ist sowohl Göttin des Todes als auch Erlöserin. In allen Tempeln des Shiva steht ein Lingam, ein Phallus, der Shiva als Schöpfer verkörpert, auf der Yoni, einer Vulva, die seine Gattin Parvati symbolisiert. In Ritualen werden Ghee (Butterschmalz), Milch oder Wasser über die Lingams gegossen, das dann als Prasad, göttliche Nahrung, gilt und an die Gläubigen verteilt wird. Die Hindus verehren den Lingam nicht als erigierten Penis von Shiva, sondern als Darstellung Shivas selbst. Naturgeformte Lingams, etwa ein sechs Meter hoher Eislingam im Himalaya, sind Wallfahrtsorte der Anhänger Shivas.

Großer Beliebtheit erfreut sich der elefantenköpfige Gott Ganesh, der Sohn von Parvati und Shiva. Er trägt zum guten Gelingen einer Unternehmung bei, gilt als Glück bringender Gefährte und wurde der Legende nach von Parvati beim Bade aus alter Haut geformt.

Alle hinduistischen Tempel Indiens sind jeweils einer Gottheit gewidmet. In der hinduistischen Vorstellung ist der jeweilige Gott im Tempel anwesend und ein Besuch des heiligen Ortes kann durch übernatürliche Kräfte Krankheiten heilen, Geister vertreiben oder fruchtbar machen. Integriert in den Alltag und mannigfach dargestellt, vom Aufdruck eines Streichholzbriefchens über kleine Figuren auf dem Hausaltar bis zur kunstvoll gemeißelten Statue im Tempel, sind die Götter Indiens allgegenwärtig und zeugen von der tiefen Religiosität der Gläubigen.

Konversationen mit Gott

Martin Lehmann-Waldau

In unserem Dorf gibt es eine Göttin. Dargestellt ist sie durch silberne Masken, die auf einem golden durchwirkten Tuch aufgesteckt sind. Dargestellt sage ich, doch die Dörfler sehen das anders.

Diese Masken, die ihren Blick in alle Richtungen schweifen lassen, sind nicht etwa ein Symbol der Göttin, sie sind die Göttin höchst selbst. Diese Tatsache ist zwar zunächst eigenartig, aber nach einer Weile in der indischen Bergwelt werden Sätze wie »Wann geht die Göttin nach Kullu?« immer normaler. Die das Dorf zusammenhaltende Kraft wird als Person behandelt und steht also solche natürlich auch durchaus in direkter Kommunikation mit den Einwohnern.

Bei Trommelschlägen und Trompetengeblase erwacht die Göttin dann zum Leben und ein Medium, manchmal sogar aus niederer Kaste, wird auserwählt und fällt augenblicklich in Trance. Dieser Mann, durch den die Göttin sprechen wird, springt auf der Stelle auf und nieder und stößt merkwürdige Kehllaute aus, die der Ghor (ein Brahmane, Priester) dann in die gewohnte Sprache übersetzt.

Jedes Dorf hat eine solche Göttin, die es allerdings manchmal nicht leicht mit ihren menschlichen Angehörigen hat.

In einem anderen Dorf hat der Neubau eines Tempels mehr als zwei Jahre gedauert, denn die Einwohner ließen sich nach indischer Sitte Zeit für die Ausführung der Arbeiten. Als die Zeit also ohne nennenswerte Fortschritte weiter voranschritt, griff schließlich die Göttin ein und verkündete, dass sie den Tempel nicht mehr wolle, wenn er nicht binnen zwei Monaten fertiggestellt sei. Sofort setzte ein reges Treiben ein und die Arbeiten gingen in Riesenschritten voran.

In einem anderen Dorf haben sich Dörfler und Göttin, vielleicht aus einem ähnlichen Grund, verkracht und den verbalen Kontakt vollständig eingestellt - seit nunmehr zehn Jahren.

Auch einzelne Menschen werden zuweilen zur Ordnung gerufen. In Manali mussten vor ein paar Jahren einige Kaufleute ihre Geschäfte abreißen, weil die Göttin das Land als das ihre beanspruchte.

Gestern ist meine Dorfgemeinschaft mit Pauken und Trompeten in den Wald gezogen, mit der Göttin auf den Schultern, die oberhalb des Dorfes einen Bereich für einen neuen Tempel abgestecken wollte

- es scheint, als wollte eine solch wichtige Aufgabe die Chefin lieber persönlich erledigen.

Die Götter beschäftigen ihre Leute aber auch gerne anderweitig. Sie gehen zum Bad bis zu den heißen Quellen von Vashisht oder Manikeran und werden über hohe Bergpässe getragen, um einen Verwandten aus der Götterfamilie zu besuchen. Sollte das Wetter schlecht sein, bittet eine Delegation aus dem Dorf bei der Göttin um Nachsicht mit dem Hinweis, man könne doch auch später zu den Verwandten gehen.

Meist wird einer solchen Bitte sogar nachgekommen, außer bei Bauarbeiten, da scheinen die Götter eisern - kennen sie doch ihre Pappenheimer.

Der Zeitrahmen für den Tempelneubau in meiner Nachbarschaft beträgt übrigens nur zehn Tage.

Ganesh

Einer der beliebtesten Götter im hinduistischen Pantheon ist der elefantenköpfige Ganesh. Um seine Entstehung ranken sich verschiedene Legenden, eine beliebte Geschichte berichtet, er sei von Parvati in Abwesenheit ihres Mannes Shiva beim Bade aus alter Haut, Gangeswasser und Ölen geformt worden. Als Wächter, noch mit menschlichem Kopf, wurde er vor die Baderäume beordert. Als Shiva zurückkam, stellte sich Ganesh in den Weg und versagte ihm beharrlich den Zutritt zu den Baderäumen. Außer sich vor Wut, schlug Shiva den Kopf von Ganesh ab. Als Parvati dies sah, flehte sie Shiva verzweifelt um die Wiederbelebung ihres geliebten Sohnes an. Shiva setzte dem enthaupteten Jungen den Kopf des ersten vorbei kommenden Wesens auf, eines Elefanten. Durch diesen Akt wurde Ganesh zum Sohn Shivas und zu einem elefantenköpfigen Gott.

Es gibt verschiedene Legenden um den Verlust des einen seiner beiden Stoßzähne. Einer Version nach sollte Ganesh den Schlaf Shivas auf dem Berg Kailash hüten. Er versagte dem Gott Parashurama, einer Inkarnation Vishnus, den schlafenden Shiva zu stören. Als sich Parashurama gewaltsam Zutritt verschaffen wollte, wirbelte Ganesh ihn mit seinem Rüssel so lange herum, bis der Eindringling schwindelig zu Boden fiel. Aus Rache schlug dieser Ganesh mit einer Axt einen Stoßzahn ab.

Vier Arme hat der Elefantengott - sie stehen für Egoismus, Bewusstheit, Intellekt und Geist. In einer Hand hält er eine Axt als Zeichen für Schutz vor dem Bösen, sie steht auch als Symbol für die Trennung von menschlichen Begierden. Das Seil in der zweiten Hand versinnbildlicht die Unterstützung bei der spirituellen Suche. Eine Schale mit Süßigkeiten in der dritten Hand belohnt den spirituellen Menschen, während die Lotusblume in der vierten

Hand die Erlangung des höchsten Zieles symbolisiert: der Erleuchtung. Manchmal legen die Bildhauer und Künstler Axt und Seil in eine seiner Hände, eine Hand nimmt dann ein Mudra, eine heilige Handgeste, ein, die Schutz und Segen symbolisiert.

Ganeshs Reittier ist eine vergleichsweise winzige Ratte. Sie ist ein Symbol dafür, dass in jedem noch so kleinen Lebewesen so viel göttliche Energie steckt, dass es sogar einen schweren Dickhäuter tragen kann. Sie wird ebenfalls mit Stärke und Intelligenz gleichgesetzt, steht aber gleichzeitig symbolisch für Egoismus und weltliche Wünsche und verkörpert dadurch die Ursache des menschlichen Leidens. Ganesh beherrscht sein Reittier und verkörpert damit die Überwindung der menschlichen Begierden und wird zum Sinnbild des vollständigen Menschen. Als Reittier von Ganesh ist die Ratte natürlich heilig, was Ende des 19. Jahrhunderts dazu führte, dass eine Aktion der Briten zur Dezimierung der Ratten als Überträger der Beulenpest von der indischen Bevölkerung nicht unterstützt wurde - immerhin handelte es sich um den Gefährten Ganeshs.

Zwei Ehefrauen in menschlicher Gestalt werden ihm in den Legenden zur Seite gestellt - Siddhi, die Göttin des Wohlstands und Riddhi, die Göttin des Erfolges. Dank seiner Weisheit und Stärke kann Ganesh Hürden beseitigen, die der Erfüllung von Wünschen im Wege stehen. Ganesh bringt Glück, dies ist die wichtigste Fähigkeit, die ihm die Mythologie zuschreibt. Ob Firmengründung, Einweihung einer Riksha oder Vermählung - Ganesh wird bei wichtigen Unternehmungen um Beistand gebeten. Er steht für Beginn und Veränderung, spendet dabei Schutz und Gelassenheit, zudem verkörpert er Weisheit und Intelligenz. Zu seinen Angelegenheiten gehören Poesie, Musik und die Wissenschaften. Viele Kaufleute betrachten ihn als ihren Schutzherrn. In einigen Gegenden Südindiens wird er als die Verkörperung des Höchsten, des Brahman, verehrt.

Für die Anhänger Ganeshs ist das Chathurthi-Fest das höchste Fest im Jahr, da der Gott nach ihrem Glauben in diesen Tagen anwesend ist. In Mumbai wird das Fest besonders prächtig begangen, seine Anhänger lassen Hunderte Statuen des Elefantengottes nach einer feierlichen Prozession mit über einer Millionen Teilnehmern ins Wasser. Umjubelt treiben die rüsseltragenden Statuen auf das offene Meer hinaus, bis sie langsam in den Fluten untergehen.

»Best view, Madam« - Madurais Dächer

Majestätisch baut er sich vor mir auf und farbenfroh blicken seine unzähligen Götter grimassenschneidend über die Dächer Madurais. Der Meenakshmi-Tempel, Pilgerstätte und eine der größten Tempelanlagen Südindiens. Ich blicke nach oben, die zahlreichen Götter lassen sich schwer fokussieren. Ein einziges, buntes Götterwirrwarr.

Indisches Treiben um mich herum, eine breite Angebotspalette. Nein danke, keine Opfergaben, keine Blumenkränze, keine bestickten Beutel, keine Spielzeugpanzer. Aber Moment, das klingt doch interessant - »Madam, come see tempel from roof. For free and best view.«

Der Inder mit dem Schnäppchenangebot bringt mich in einen Antiquitätenshop. Vorbei an Juwelen, bronzenen Göttern und Seidenteppichen hoch auf das Dach. Ein herrlicher Ausblick. Ein melancholisch dreinblickender Mann gesellt sich dazu, der Besitzer des Ladens. Er wird in wenigen Wochen nach Rom ziehen, der Antiquitätenverkauf scheint zu boomen. Gerne nehme ich einen grünen »special tea« mit Zimt und Kardamom. Ach so, den Tee gibt's unten im Verkaufsraum - na, macht ja nichts.

Ich finde mich inmitten von Geschmeide wieder. Stur blicke ich nach unten, um nicht in Versuchung geführt zu werden. Ich kann nicht anders, ein wunderschöner Ring, oh, wie alt ist diese Statue von Ganesh, dem Elefantengott. 200 Jahre, beeindruckend, und wie teuer? Von Europäern würde er 900 € verlangen, Amis zahlen 1.500. Er hätte drei Besuche gebraucht, bis er den Besitzern in einem Dorf im Norden die Statue abschwatzen konnte. Um nicht mit einer wunderschönen Elefantenstatue im Rucksack aber ohne Geld in der Reisekasse durch Indien zu pilgern, verlasse ich schnell den Shop, um den Tempel von innen zu besichtigen.

Welche Kulturleistungen in Indien vollbracht wurden, während wir noch mit Bärenfellen beerensuchend durch die Wälder robbten, denke ich mir staunend und überwältigt. Bunte Mandalas schmücken die Decken, filigrane Verzierungen an den Steinsäulen, Götterstatuen, seit Jahrhunderten verehrt und millionenfach besucht. Ich setze mich in einen dunklen Meditationsraum, in diesen ehrwürdigen Hallen könnte eine besondere spirituelle Erfahrung auf mich warten. Die besondere Erfahrung kommt schnell, doch leider nicht in Form einer Erleuchtung. Mir wird heiß, ich brauche Luft - verdammte Räucherstäbchen. Ich stürme aus dem Tempel, haste vorbei an Jahrhunderte alten Säulen, steinernen Statuen, inbrünstigen Prozessionen und opfernden Gläubigen. Schnell, bevor ich hier drinnen in Ohnmacht falle.

Draußen erwartet mich nicht der kleinste Lufthauch, nur stehende heiße schwarze Nachtluft. Aber immerhin nur abgas-, nicht räucherstäbchengeschwängert. Ich lasse mich vor dem Tempel auf der Erde nieder, neben den Händlern mit den Opferwaren, vor dem größten Tempel Südindiens. Langsam normalisiert sich mein Kreislauf.

Vor mir liegt eine helle Kuh im Sand. Das Tier blickt mich mit großen aufmerksamen Augen an. Die Kuh, der Tempel und ich verharren in einer Starre, der Rest der Welt scheint in Bewegung. In diesem indischen Treiben - gläubige Massen, die in und aus dem Tempel strömen, eifrigen Händlern, flanierenden Passanten und humpelnden Bettlern, streunenden Hunden, gereichten Opferschalen und duftenden Jasminkränzen - in diesem Durcheinander sitzend, kann ich den Karma-Glauben der Hindus nachvollziehen. Als Teil der indischen Masse scheint mir das Bestreben nach individuellem Handeln unmöglich. Ich verstehe, tief in die Augen der Kuh blickend, dass man in Indien keine andere Wahl hat, als sich dem Schicksal zu ergeben und fatalistisch aufs nächste Leben zu hoffen. Meinen Wunsch nach persönlichem Glück und individueller Gestaltung meines Lebens empfinde ich plötzlich als anmaßend. Eine Milliarde Menschen lassen wenig Raum für individualistische Kapriolen.

Am nächsten Tag schlendere ich abermals durch die Straßen, der Tempel baut sich erneut vor mir auf. Ein Angebot - ob ich den Tempel von einem Dach aus sehen will, kostenlos. Klack, klack, die Steinchen fügen sich zueinander. Ob er Provision bekommen würde? Wenn ja, gehe ich mit, ansonsten nicht. Er gibt es zu und ich erwähne, dass ich einen bestimmten Shop meiden muss - aber das sei »no problem«. Er ist Schneider, das Geschäft laufe nicht gut, aber seine Kinder studieren, erzählt der sympathische Mann stolz, dem ich gerne zu einer Schlepperbezahlung verhelfen will. Also rein in den Antiquitätenshop, hoch aufs Dach, ein freundlicher, zurückhaltender Antiquitätenhändler gesellt sich zu mir. Nein danke, keinen grünen Spezialtee mit Zimt, ich müsste auch schnell weiter, auf ein anderes Dach. Es gibt noch viele Dächer in Madurai.

Sri Aurobindo, die Mutter und ihre Vision

Jährlich kommen mehrere tausend Besucher nach Pondicherry, dem heutigen Puducherry, um den Ashram des Gurus Sri Aurobindo zu besuchen, an seinem Grab zu meditieren, die Luft am Ort seines Wirkens zu atmen. Sri Aurobindo ist einer der bekanntesten Gurus Indiens mit einer außergewöhnlichen Biographie. Am 15. August 1872 wurde er als Sohn reicher Eltern in Kalkutta geboren. Sein Vater war ein überzeugter Anhänger der westlichen Kultur und schickte seine Söhne zur schulischen Ausbildung nach England. Mit dem Examen der Philosophie von Cambridge in der Tasche kehrte Aurobindo Ghose 1893 nach Indien zurück und fand eine Anstellung als Lehrer des Fürsten von Baroda. In dieser Zeit begann sein politisches Engagement, das ihn zu einem der führenden Köpfe der Unabhängigkeitsbewegung werden ließ. Er verfasste aufrüttelnde Schriften für ein freies Indien und wurde bald zum charismatischen Führer der Bewegung. 1908 wurde Aurobindo von den Engländern inhaftiert, aber nach einem Jahr mangels Beweisen entlassen.

Hinter dicken Gefängnismauern machte Aurobindo tiefgreifende religiöse Erfahrungen, die letztlich zu einer Abkehr der politischen Aktivität führten und sein Leben in neue Bahnen lenkten.

Um einer weiteren Verhaftung zu entgehen, setzte sich Aurobindo ins südindische Pondicherry ab, das der französischen Kolonialverwaltung unterstand. Als er seine Abkehr von der Politik verkündete, blieben die Engländer skeptisch und versuchten seiner habhaft zu werden - ein Auslieferungsantrag wurde von der französischen Verwaltung der Stadt jedoch abgelehnt. Hier, in Pondicherry, verfasste Aurobindo philosophische Schriften, die eine Synthese westlicher und östlicher Ideen propagieren und entwickelte die Lehre des integralen Yoga. Das Ziel dieses Yoga ist hochgesteckt: eine Art Übermensch auf einer höheren Evolutionsstufe. Durch die Entwicklung eines neuen Bewusstseins, eines ›Superminds‹, soll sich göttliche Energie im Menschen verankern, ihn transformieren und zu einer neuen Evolutionsstufe führen.

Von dieser Lehre angezogen, scharte sich eine immer größer werdende Anhängerschaft aus Indien und Europa um Aurobindo, unter ihnen auch die Französin Mira Alfassa. Sri Aurobindo, wie ihn seine Anhänger respektvoll nannten (Sri stammt aus dem Sanskrit und bedeutet Fülle, Licht, Glanz, Schönheit oder Anmut), übertrug ihr die Organisation der Gemeinschaft. 1926 gründete sie mit ihm den Sri Aurobindo Ashram. Aurobindo zog sich zurück, um seine spirituellen Studien zu intensivieren, Mira Alfassa, genannt ›die Mutter‹, wurde zum Sprachrohr zwischen ihm und seinen Schülern und dadurch zur zentralen Figur. Als Aurobindo 1950 starb, übernahm die Mutter neben der Leitung des Ashrams auch die spirituelle Führungsrolle.

In den späten 60er Jahren entwickelte sie die Idee einer internationalen Zukunftsstadt für den neuen spirituellen Menschen: Auroville. Der französischen Architekt Roger Anger entwarf das

Modell einer Stadt, konzipiert für 50.000 Bewohner. Vier blütenartige Zonen umgeben den Mittelpunkt der Stadt, das kugelförmige Matrimandir. Mit goldenen Schalen bedeckt, soll es zum Meditationszentrum und Mittelpunkt der Stadt werden. 1968 wurde Auroville mit einer großen Zeremonie auf einem kargen, ausgetrockneten Plateau nahe Pondicherry gegründet. Die ersten Siedler waren hauptsächlich Deutsche, Franzosen und US-Amerikaner. Unter einfachsten Bedingungen, aber voller Enthusiasmus, zimmerten sich die ersten Aurovillianer ihre Hütten.

Als die Mutter 1973 im Alter von 95 Jahren starb, brachen offene Machtkämpfe aus. Die Bewohner des Ashrams in Pondicherry wollten eine schlüsselfertige Stadt und keine improvisierten Bretterbuden, schließlich sollte hier eine neue Evolutionsstufe erreicht werden. Auch die einheimischen Tamilen richteten sich gegen die idealistischen Pioniere, es kam zu Sabotageakten und gewalttätigen Übergriffen. Der Traum einer internationalen Zukunftsstadt mit dem Ziel der persönlichen und letztlich weltweiten evolutionären Weiterentwicklung schien zu scheitern.

Die Aurovillianer zogen vor Gericht und 1982 entschied der Oberste Gerichtshof in Delhi, dem Ashram die Verfügungsgewalt über Auroville zu entziehen. In der Folge wurde 1988 der so genannten ›Auroville Foundation Act‹ erlassen, der die ›Auroville Foundation‹ (Auroville-Stiftung) als rechtlichen Besitzer festsetzte. Seither stimmt ein von allen Bewohnern gewähltes Komitee mit einem Verwaltungsrat in Delhi alle Grundsatzentscheidungen ab.

Heute wohnen 2.000 Menschen in der internationalen Gemeinschaft, das spirituelle Zentrum im Mittelpunkt, das Matrimandir, ist fertig gestellt und mit Goldplatten bedeckt. Auroville hat eigene Schulen, Betriebe, unzählige Projekte und überzeugte Bewohner, doch eine neue Evolutionsstufe mit einem Übermenschen, wie Sri Aurobindo und die Mutter dies realisieren wollten, wurde nicht erreicht und wird heute von den meisten Aurovillianern als eher langwieriger Prozess eingeschätzt.

Auroville - zwischen Vision und Wirklichkeit

Vom einstigen kargen Plateau ist keine Spur mehr zu sehen. Die Bewohner haben das gesamte Areal mit zwei Millionen Bäumen und Sträuchern aufgeforstet, paradiesisch sieht es aus.

Um Auroville zu erkunden, braucht man Zeit, man muss die Stadt und seine Bewohner entdecken. Die bei Touristen beliebten Tagesausflüge, selbst einige Tage Aufenthalt reichen dafür nicht aus. Will man Auroville kennenlernen, empfiehlt sich ein längerer Aufenthalt, am besten arbeitet man in einem der Projekte mit, um sich diesem komplexen Experiment anzunähern. Was den meisten Besuchern zunächst auffällt, ist der Widerspruch zwischen Sri Aurobindos Vision des Übermenschen und den realen Bewohnern Aurovilles, die auf ihren Motorrädern äußerst menschlich und manchmal abweisend wirkend auf der einzigen Ringstraße durch das dicht bepflanzte Gebiet fahren.

Doch was ist aus der Vision der Mutter geworden? Funktioniert diese Modellgemeinschaft, die einem Laboratorium gleich unter dem ständigen Prozess des Lernens eine neue Entwicklungsstufe erreichen sollte?

Schnell wird deutlich, dass Auroville wenig mit der ursprünglichen Vision der Mutter zu tun hat. Der ausgefeilte Stadtplan in Form einer Galaxie wurde nicht realisiert, stattdessen durchzieht ein Geflecht loser Gemeinschaften das bewaldete Areal. Auffällig ist die architektonische Vielseitigkeit der Behausungen - feudale Villen, Fantasiehäuser in Schneckenform, futuristisch, schlicht oder modern sind die individuell gestalteten Steinhäuser; angelehnt an traditionelle tamilische Bauart wurden die einfachen Palmhütten errichtet. In der Architektur wird die soziale Stellung deutlich, außerdem ist sie Ausdruck der Weltordnung. Inder und Osteuropäer leben meist in simplen Hütten, Westeuropäer und Nordamerikaner in Steinhäusern, je nach Kontostand und Bedürfnis manchmal fast feudal. Doch nicht wenige Bewohner wählen ganz bewusst eine schlichte Behausung und die sozialen Unterschiede führen durch das gemeinsame Ziel der Weiterentwicklung zu keinen Spannungen. Jeder nach seinen Möglichkeiten, jeder nach seinen Bedürfnissen, so das Credo.

Einige Gemeinschaften sind strikt ökologisch ausgerichtet, andere spirituell, manche künstlerisch. Die Siedlungen liegen räumlich voneinander getrennt, ein soziales Leben miteinander findet selbst innerhalb der meisten Wohngemeinschaften kaum statt. Auch wenn es in den letzten Jahren Entwicklungen wie ein Café oder sonntägliche Musik- und Tanzveranstaltungen gibt, ausgehen und feiern, das passt nicht so recht zu den Zielen Sri Aurobindos.

Auch heute sind Sri Aurobindo und vor allem die Mutter allgegenwärtig. Kleine Bilder der beiden spirituellen Führer zieren die Wände zahlreicher Häuser und Betriebe. Häufig hört man Zitate der Mutter, um der eigenen Meinung mehr Gewicht zu verleihen. Die beiden Gurus werden verehrt, selbst diejenigen, die die Mutter nie persönlich kennenlernten, haben eine intensive emotionale Beziehung zu ihr.

Ein besonderes Ereignis findet am Geburtstag der Mutter, am 21. Februar, statt. An diesem Tag finden sich nachts alle Aurovillianer an dem Platz der Eröffnungszeremonie der Stadt ein. Hier hatten 121 Menschen aus ebenso vielen Nationen eine Urne mit ihrer Heimaterde gefüllt. Und hier schrillt nun die verstorbene Mutter vom alten Bandmaterial schwer verständlich durch die Nacht.

Die Bewohnerschaft ist hinsichtlich Alter, Aussehen und Nation äußerst heterogen. Einige Hippies, auch schickgekleidete Frauen und Männer, Ökos, Normalos. Die meisten Bewohner stammen aus Indien, gefolgt von Franzosen und Deutschen. Hier lebt eine internationale Gemeinschaft, in diesem Punkt hat sich der Anspruch der Gründerin erfüllt. Insgesamt leben in Auroville etwa 2.000 Menschen aus 40 Nationen, und alle haben sich im heißen Indien eingefunden, um der Vision der Mutter Gestalt zu geben.

Fast alle, denn die Kinder der Auswanderer können sich nicht wirklich frei entscheiden, haben aber ein recht unverkrampftes Verhältnis zu den Gurus und sind von zurechtweisenden und belehrenden Zitaten wie »die Mutter hat gesagt...« eher genervt. Ziemlich westlich sind die Jugendlichen, eine Punkband gibt es, vereinzelt auch Drogenprobleme. Die Kids sind sich einig: in Auroville aufzuwachsen bedeutet mehr Freiheit und das wissen sie zu schätzen. Eine weiterführende Schule existiert nicht, und so besuchen einige ein Internat in den tamilischen Bergen, andere gehen zur höheren Schulbildung in die Heimatländer ihrer Eltern. Eines wird sehr deutlich: weder die Jugendlichen noch ihre westlichen Eltern passen sich der indischen Kultur an.

Durch die Ansiedelung von Auroville wurde die Region strukturellen Veränderungen ausgesetzt, die vor allem die Situation der Tamilen in den umliegenden Dörfern betreffen, die traditionell vom Fischfang leben und Frauen von der Lohnarbeit ausschließen. Diesen Tamilen, und zwar den Männern und Frauen, haben sich in Auroville neue Verdienstmöglichkeiten erschlossen und sie arbeiten als Hausangestellte, auf dem Bau oder in kleinen Betrieben der Stadt. Schulen und Entwicklungshilfeprojekte tragen zusätzlich dazu bei, dass sich die Situation für die nähere Region durchaus positiv entwickelt hat. Zwar waren die Tamilen der umliegenden Dörfer anfangs sehr skeptisch gegenüber diesem Projekt, durch neu geschaffene Arbeits- und Bildungsmöglichkeiten und die ökologischen Leistungen überwiegen für sie aber nun die positiven Effekte der neuen Nachbarschaft.

Dieses Engagement der Aurovillianer zeigt sich nicht nur in verschiedenen Projekten, sondern auch hinsichtlich des Willens der geistigen Weiterentwicklung - der Anspruch bleibt hoch und die Vision der Mutter der Nährboden für das Leben in dieser einzigartigen Siedelung. Selbst wenn mittlerweile wohl alle begriffen haben, dass es mit der Evolution wohl doch nicht so schnell geht, wie man es sich ursprünglich vorgestellt hatte.

Yoga

Nicht nur Stars wie Madonna, Cameron Diaz und Jennifer Aniston halten sich mit Yoga fit - in jeder deutschen Stadt werden mittlerweile diverse Yogakurse angeboten, Yogastudios boomen und die Ansicht, Yoga sei lediglich etwas für indische Verrenkungskünstler, gehört der Vergangenheit an. Im Vergleich zur indischen Tradition steckt Yoga im Westen allerdings noch in den Kinderschuhen.

Die Wurzeln des Yoga können bis 700 v. Chr. zurückverfolgt werden und die klassischen Schriften beschreiben vier verschiedene Yogawege: Das vom indischen Gelehrten Patanjali begründete Raja Yoga ist meditativer Natur. Das Yoga der Erkenntnis wird Jnana Yoga genannt. Karma Yoga ist der Weg der rechten Tat und des selbstlosen Handelns. Verehrung und Hingabe an Gott beinhaltet das Bhakti Yoga.

In den Anfängen war Yoga ein rein spiritueller Weg, Körperübungen wurden lediglich entwickelt, um möglichst lange im Meditationssitz verharren zu können. Atem- und Konzentrationsübungen waren wichtige Elemente auf diesem spirituellen Pfad und mit der Zeit nahmen die Körperübungen (Asanas) einen immer wichtigeren Stellenwert ein und wurden weiterentwickelt, da man positive Auswirkungen auf den Organismus und das Wohlbefinden beobachtete. Im traditionellen Sinne wird durch eine Kombination von Körperhaltungen und Bewegungsabläufen, Konzentrationsübungen und Atemführungen die Lebensenergie (Kundalini) aktiviert, die zu den Energiezentren (Chakren) aufsteigen soll.

Im Westen wird Yoga häufig praktiziert, um Stress abzubauen und die Koordination und Beweglichkeit des Körpers zu trainieren. Angestrebt werden innere Gelassenheit und eine verbesserte Vitalität. Die eher körperbetonten Yoga-Praktiken werden unter dem Oberbegriff Hatha Yoga zusammengefasst. Im Westen beliebt sind vor allem Ashtanga Yoga, das Kraft, Ausdauer und Meditation fördert, und Iyengar Yoga, bei dem Hilfsmittel wie Klötze und Seile benutzt werden, um eine korrekte Ausrichtung des Körpers zu erreichen. Rein fitnessorientiert ist das Power Yoga. Bei 40 Grad Raumtemperatur wird Bikram Yoga ausgeübt. Zunehmender Beliebtheit erfreuen sich die aus den USA kommenden Yogastile Jivamukti, das seinen Schwerpunkt auf den Einklang mit der Schöpfung legt, und Anusara Yoga, das auf tantrischer Philosophie beruht. Spirituell ausgerichtet ist das Kundalini Yoga, das den Schwerpunkt auf die Erweckung der Lebensenergie (Kundalini) legt.

Die modernen Yogaschulen legen meist Schwerpunkte auf einzelne Yogaarten und da im Zuge des Wellness-Trends ständig neue Yogastile hinzukommen, empfiehlt es sich, unterschiedliche Richtungen auszuprobieren, bis man die passende Yogarichtung für sich selber gefunden hat. Übrigens: Da die gesundheitsfördernde Wirkung heute unbestritten ist, fördern viele Krankenkassen die Teilnahme an Yogakursen.

Interview mit Swami Siva Swaroopananda

Andrea Glaubacker

»Gesundheit ist Reichtum, geistiger Frieden ist Glück, Yoga zeigt den Weg.«
Swami Vishnudevananda

Swami Sivananda (1887-1963), der Begründer der Sivananda Ashrams, gehörte zu den großen Yogameistern Indiens und lehrte eine Integration aller bekannten Yogasysteme. Auf diesem Yoga der Synthese beruht heute die moderne Yoga-Praxis der westlichen Welt. Einen seiner engsten Schüler, Swami Vishnudevananda (1927-93), entsandte er 1957 mit den Worten »Geh in den Westen. Die Menschen warten auf Yoga« zunächst nach Amerika und von dort aus weiter nach Europa.

Ab 1970 flog Swami Vishnudevananda in seiner zweimotorigen Piper Apache (›Peace Plane‹) symbolische Friedensflüge zu Krisenherden der Welt unter dem Motto ›Der Mensch ist frei wie ein Vogel‹. Sein Appell: »Überwindet von Menschen geschaffene Grenzen mit Liebe und Blumen, nicht mit Bomben und Gewehren!«

Seinem Motto folgend schwebte

er 1983 mit einem Motor-Drachen und zwei Chrysanthemen-Sträußen ›bewaffnet‹ von West-Berlin über die Mauer. Er landete in Ostberlin-Weißensee auf einem Acker, wo er von DDR-Beamten vier Stunden vernommen und später per U-Bahn mit einem Käsebrot als Wegzehrung zurück in den Westen geschickt wurde. Eigentlich hatte der Yogameister und Friedensaktivist vorgehabt, zum Alexanderplatz zu fliegen, hatte sich aber aufgrund starken Nebels verflogen*.

Heute gibt es weltweit mehr als 70 Sivananda Zentren und Ashrams, die als gemeinnützige Organisationen klassisches Yoga und Vedanta-Philosophie als Weg zu körperlicher, geistiger und spiritueller Gesundheit unterrichten. Swami Siva Swaroopananda ist Direktor des Sivananda Yoga Ashram in Neyyar Dam, Kerala.

***AG** Swami Swaroopananda, wie würden Sie Yoga erklären?*

SS Yoga ist eine holistische, also eine ganzheitliche Lehre für Gesundheit und für spirituelle Entwicklung. Diese Lehre geht nicht nur von einem physischen Körper aus, sondern auch von einem Gedankenkörper und einem Geistkörper. Jeder Mensch hat drei Erfahrungsebenen und diese betreffen nicht nur physisches, sondern auch mentales und spirituelles Leben. Im Yoga fördern wir diese drei Ebenen.

***AG** Nach Sivananda gibt es fünf Prinzipien des Yoga. Könnten Sie diese kurz erläutern?*

SS Es gibt fünf Grundprinzipien, um einen yogischen Lebensstil zu entwickeln und die Gesundheit zu fördern. Dazu werden praktische Dinge ausgeführt, wie erstens regelmäßige Körperübungen, im Yoga nennen wir sie Asanas. Als zweites praktizieren wir Atemübungen, Pranayama genannt. Punkt drei betrifft systematische Entspannungen, dafür benut-

* Kurz nachdem ich von einer Indienreise zurückkam und gerade das Interview transkribierte, machte ich die Bekanntschaft eines Mannes, der mir recht unvermittelt von seiner ersten Begegnung mit einem Inder erzählte. Als Schuljunge blickte er eines Morgens aus dem Fenster und sah ein merkwürdiges Fluggefährt auf einem Acker nahe seines Hauses in Ostberlin-Weißensee landen. Er rannte zu dem Flugobjekt und stand vor einem weißhaarigen Inder, der, die Hände vor der Brust gefaltet, sich leicht vor dem Jungen verneigte und fortwährend »fly for peace« wiederholte. Der Junge erwiderte, »fly for peace« sei ja schön, aber gleich komme die Polizei und er solle sich besser ganz schnell verdünnisieren. Der Junge rannte panisch weg und wurde wenige Stunden später von der Stasi aus dem Klassenzimmer geholt und verhört - genauso wie sein Vater, der ebenfalls einem Verhör unterzogen wurde. Beide hatten natürlich noch nie von Swami Vishnudevananda und seinen Friedensflügen gehört. Durch unsere zufällige Bekanntschaft konnte ich ihn 25 Jahre später darüber aufklären, was der seltsame weißhaarige Inder mit den Blumen und dem Motordrachen auf dem Acker in Weißensee eigentlich wollte.

zen wir die Technik von Savasana* und Autosuggestion. Punkt vier ist eine gesunde Ernährung, wobei wir vegetarische Kost bevorzugen. Als fünften Punkt erachten wir positives Denken und Meditation für die geistige Gesundheit als wesentlich. Das sind die fünf Stufen des Yoga für ein gesundes Leben.

AG *In der westlichen Welt wird Yoga immer beliebter. Warum ist das so?*

SS Die meisten Leute fühlen sich von Yoga angesprochen, weil sie sich einen körperlichen Nutzen versprechen. Doch sie merken schnell, dass ihnen Yoga auch geistige Entspannung bringt. Und da der Stress heutzutage zunimmt, empfinden die Menschen die Entspannung durch Yoga als sehr wohltuend. Yoga kann aber auch eine spirituelle Ebene eröffnen, wodurch die Menschen ein größeres spirituelles Bewusstsein entwickeln. In den westlichen Ländern gibt es einen Mangel an Spiritualität und viele Menschen suchen eine Antwort auf spirituelle Fragen. Yoga kann ihnen die Antworten geben.

AG *Yoga wird im Westen häufig zur Stressreduktion empfohlen. Wie kann man Stress verhindern und wie sollte man mit Stress umgehen?*

SS Stress ist ein Teil des Lebens, den man nie ganz vermeiden kann. Aber Stress kann negative Auswirkungen auf Körper und Geist haben und diese können wir durch bestimmte Methoden rückgängig machen. Zunächst, wie können wir unseren Körper entspannen? Dafür benutzen wir die Technik von Savasana und Autosuggestion. Dadurch können wir unsere Körperfunktionen beeinflussen, beispielsweise den Herzschlag, den Blutdruck und den Kreislauf. Auf einer geistigen Ebene können wir mehr Ruhe durch Meditation finden. Außerdem ist es wichtig, dass wir eine positive Haltung dem Leben gegenüber entwickeln. Dies führt zu geistiger Ruhe und schließlich zu spirituellem Frieden. Wir sollten lernen, einen Sinn im Leben zu entdecken und Stress zu vermeiden. Damit wir unseren Blick dafür schärfen, was unsere Aufgabe im Leben ist.

AG *Und was denken Sie ist die Aufgabe oder der Sinn des Lebens?*

SS Unser Sinn im Leben liegt ganz einfach darin, glücklich zu sein. Aber das ist leichter gesagt als getan und jeder hat seine eigene Vorstellung davon, was für ihn ›glücklich sein‹ bedeutet. Yoga gibt uns viele Hinweise, wie man ein glückliches Leben führt. Ich würde sagen, dass im Wesentlichen das Glück davon abhängt, ob auf den drei Ebenen,

* Savasana wird am Ende einer Yogaklasse als Tiefenentspannung durchgeführt. Auf dem Rücken liegend soll sich der Yogi vollkommen entspannen. Diese Übung dient der Regeneration von Körper und Geist

der körperlichen, der geistigen und der spirituellen Ebene, ein Gleichgewicht hergestellt wird.

Im Grunde sollten wir ein Leben führen, das uns glücklich und zufrieden macht, und das tun, was für uns das Beste ist. Gleichzeitig sollten wir darauf achten, dass wir anderen Lebewesen keinen Schaden zufügen. Unsere wichtigste Verantwortung besteht darin, uns selbst zu respektieren und danach streben, Glück für uns zu finden. Das kann Unterschiedliches für verschiedene Menschen bedeuten, immer vorausgesetzt, dass wir anderen nicht schaden.

AG *Was sind die Ziele von Yoga?*

SS Yoga wird oft auf verschiedene Weise interpretiert. Einerseits geht es darum, die drei Ebenen unseres Lebens, nämlich die körperliche, die geistige und die spirituelle zu vereinen und zu harmonisieren. Andererseits bedeutet es in einem tieferen Sinne die Vereinigung des Individuums mit Gott. Wir beginnen, eine höhere Macht oder Kraft zu erkennen und uns als Teil dieses Bewusstseins zu verstehen. Yoga steht also für die Vereinigung des Individuums mit dem Universellen, die Vereinigung von individuellem und universellem Bewusstsein. Das ist das Ziel auf einer tieferen spirituellen Ebene.

AG *Wie kann man als Anfänger die Meditation erlernen?*

SS Damit Meditation erfolgreich sein kann, sollte man einige Punkte beachten. Zunächst gibt es Verhaltensregeln, die wir in Yamas und Niyamas einteilen. Das sind Richtlinien, wie wir einen ausgeglichenen und friedvollen Lebensstil erreichen können. Regeln wie Gewaltlosigkeit, Wahrheitsliebe, nicht zu stehlen, die Zügelung der Begierden, aber auch eine Haltung der Zufriedenheit zu entwickeln, die heiligen Schriften zu studieren und sich dem Willen Gottes zu unterwerfen. All das sind Prinzipien, die wir befolgen sollten, um ein friedvolleres Leben zu führen. Auf der körperlichen Ebene bereiten wir uns auf die Meditation vor, indem wir unseren Körper gesund halten und unsere Energie reinigen. Das geschieht zum einen durch die Körperübungen, den Asanas, und zum anderen durch die Atemübungen, Pranayama genannt. Das sind sehr gute Übungen, um sich auf die Meditation vorzubereiten. In der Meditation lernen wir unsere Gedanken zu kontrollieren und zu disziplinieren, wir lernen sie zu fokussieren und zu beruhigen.

AG *Warum wird der Atem im Yoga als so wichtig erachtet?*

SS Atem ist Leben und sehr stark mit unserer Lebensenergie verbunden. Der Atem ist eine Verbindung zwischen unserem physikalischen Körper und dem, was wir Astral- oder Energiekörper nennen, der wiederum unseren Körper am Leben erhält und gleichzeitig mit unserer Gedankenwelt verbunden ist. Unsere Gedanken sind Teil des Astral- oder Energiekörpers. Wenn wir lernen, wie wir unseren Atem beherrschen, können wir unsere Energie und unsere Gedanken kontrollieren. Wir können die Gedanken beruhigen, indem wir beispielsweise den Atem verlangsamen. Richtiges Atmen ist deshalb ein wichtiger Schritt zur Kontrolle unserer Energie und unserer Gedanken. Durch die Atemübungen, dem Pranayama, lernen wir, den Atem und das Bewusstsein zu kontrollieren. Normalerweise atmen wir ja nicht bewusst.

AG *Wie wirken die körperlichen Übungen, die Asanas?*

SS Die Asanas halten den Körper gesund und beweglich. Durch Dehnen des Körpers regen wir unsere Energiezentren an, dadurch wird dem Körper Energie zugeführt. Deshalb fühlen sich die Menschen nach einer Yogastunde in der Regel energetischer als vor dem Yoga. Es ist wesentlich, dass der Körper gesund und energetisch gehalten wird und die inneren Organe gut arbeiten.

AG *Wie sollten wir unser Ego sehen und damit umgehen? Sollten wir versuchen, es zu reduzieren?*

SS Das ist eine wirklich große Frage. Erstens, wissen wir überhaupt, was das Ego ist? Vereinfacht sagen wir, das Ego ist die Essenz meiner Individualität. An diesem Konzept hängen so viele verschiedene Dinge. Das kann alles sein, worauf ich mich beziehe. Etwa mein Beruf, mein Geschlecht, meine Karriere, mein Land, meine Nationalität, meine Meinung, meine Erziehung, alles Dinge, mit denen man das Ego identifiziert. Letzten Endes sagen wir, dass das Ego ein Stolperstein im Prozess der spirituellen Entwicklung ist, weil es uns vom universellen Bewusstsein trennt und dadurch das individuelle Bewusstsein schafft. Wir sagen, dass sich das Ego auf Ignoranz gründet, Ignoranz unseres wahren Selbst.

Aber es ist auch ein wichtiger Teil des Lebens. Es ist das Ego, das uns dazu bringt, uns zu verbessern und gute Dinge für andere oder für uns selber zu tun. Deshalb müssen wir anfangs in einer positiven Weise mit unserem Ego arbeiten, damit wir uns verbessern. Und schließlich, wenn wir uns selbst verbessern, werden wir mehr und mehr selbstlos und weniger egoistisch. Und je selbstloser wir werden, desto dünner wird das Ego, bis es schließlich von selbst verschwindet.

AG *In diesem Ashram lernen Leute aus der ganzen Welt Yoga. Denken Sie, dass die Verbreitung von Yoga sich positiv auf die Zukunft der Welt auswirkt?*

SS Ja, zweifellos.

AG *Gibt es etwas, was sie hinzufügen möchten, einen Rat oder eine Aussage?*

SS Man kann niemanden zwingen, Yoga zu lernen oder sich dafür zu interessieren. Wir glauben, dass es für jeden Menschen die richtige Zeit gibt, sich damit zu befassen. Deshalb sagen wir, dass es die Gnade Gottes ist, die entscheidet, wann jemand bereit ist, Yoga zu lernen, und dass es Gottes Segen ist, wenn sich jemand entscheidet, Yoga zu praktizieren.

Kultur

Architektur

In der indischen Architektur spiegeln sich die historische Entwicklung und die ethnische und religiöse Vielfalt des Subkontinents wider, vorherrschend ist dabei die Sakralarchitektur, die die Vorstellungen der verschiedenen Religionen abbildet.

Dabei lässt sich die indische Architektur in drei wesentliche Phasen unterteilen: in die buddhistische, die hinduistische und die islamische Periode. Die Bauwerke der buddhistischen und der hinduistischen Architektur orientieren sich an einer strengen Geometrie, die auf kosmologischen und astrologischen Anschauungen beruht und in der die buddhistische und hinduistische Vorstellung des Götterberges Meru als Mittelpunkt der Welt und Sitz der

Götter zum Ausdruck kommt. Der buddhistische Baustil war mit der Errichtung von Stupas, Höhlentempel und Klosteranlagen bis zum 6. Jahrhundert vorherrschend. Die halbkugelförmigen Stupas dienten nicht nur der Reliquienaufbewahrung, sondern sollten auch an wichtige Ereignisse des Buddhismus erinnern. Diese Gedächtnisstätten, bestehend aus einem kreisrunden Unterbau mit einer darauf gebauten Halbkugel, gibt es in unterschiedlichsten Ausprägungen. Einige sind von Mauern umgeben, die durch Tore, auf denen die buddhistische Lehre dargestellt ist, Einlass gewähren. Besonders prächtige Exemplare dieser historischen Bauwerke wurden in Sanchi gebaut, eines der bekanntesten buddhistischen Höhlenkloster befindet sich in Ajanta. Die 20 Höhlen umfassende Anlage ist im Gegensatz zu den kargen älteren Anlagen, in denen Buddha als Rad, Bodhibaum oder Fußabdruck symbolisiert wird, reich mit Reliefs an Säulen und Portalen geschmückt und berühmt für ihre Wandmalereien. In Bodgaya, dem Ort an dem Siddhartha Gautama erleuchtet und zum Buddha geworden sein soll, steht der bedeutendste freistehende buddhistische Tempelbau.

Auf die buddhistische Architektur folgte die hinduistische Tempelarchitektur, die sich ab dem 7. Jahrhundert entwickelte. Durch genau festgelegte Anweisungen über die geometrische Anordnung der einzelnen Gebäudeelemente entstanden die Tempel als Abbild religiöser Symbolik unter Berücksichtigung von Zahlenmystik und astrologischen Erkenntnissen.

Jeder hinduistische Tempel ist einem Gott geweiht, der in einer kleinen, heiligen Kammer dargestellt wird, was allerdings nicht ausschließt, dass weitere Gottheiten in Schreinen außerhalb dieses Raumes ebenfalls gewürdigt werden. Versinnbildlicht wird die göttliche Kraft dieses religiösen Ortes durch den weithin sichtbaren Turm des Tempels, ein Symbol des heiligen Berges Meru. Unzählige Götter sind plastisch und farbenprächtig Fabelwesen und Dämonen auf den Außenwänden der Türme dargestellt, angeordnet nach ihrer hierarchischen Position in der Götterwelt. Tiere, Lotusblumen und Glückssymbole sind beliebte dekorative Elemente der Tempel.

Im Wesentlichen haben sich zwei Hauptrichtungen herausgebildet - der nordindische Nagarastil und der südindische Dravidastil. Der Nagarastil zeichnet sich durch konisch verlaufende, bienenkorbähnliche Türme aus, auf deren Abschluss sich ein runder Stein mit einer Vase als Symbol für die Unsterblichkeit befindet. Zur vollen Blüte gelangte dieser Baustil in Khajuraho, dessen Tempelanlage erst vor 100 Jahren wiederentdeckt wurde und die aus 24 erhaltenen von ursprünglich etwa 80 Tempeln besteht. Besonders bekannt ist diese Tempelanlage wegen ihrer erotischen Abbildungen. Der südindische Dravidastil ist durch monumentale Anlagen mit gewaltigen terrassenförmigen Türmen, langen Säulengänge und großen Höfen gekennzeichnet, welche von mehreren konzentrisch verlaufenden Wehrmauern umgeben sind. Komplette Tempelstädte sind vor allem in Tamil Nadu errichtet worden. Schöne Exemplare dieses Baustils finden sich unter anderem in Madurai, Tiruvannamalai und Kumbakonam.

Die Tempel der Jains sind den hinduistischen Tempeln vom architektonischen Aufbau sehr ähnlich, weichen aber in der Ausstattung deutlich ab. Während die Außenseiten karg und schmucklos sind, ist das Innere der Tempel reichhaltig mit Skulpturen ausgestattet. Anders als die hinduistischen Tempel, dienen die heiligen Anlagen der Jains nicht der Götterverehrung, sondern sind Stätten des Gedenkens an die Heiligen. Einer der schönsten Jains Tempel befindet sich in Ranakpur, der mit seinen 29 Hallen und 1.444 fein geschnitzten Säulen beeindruckende Ausmaße annimmt.

Ab dem 8. Jahrhundert prägte die islamische Bauweise mit Grabanlagen, Moscheen, Festungsanlagen und Palästen das architektonische Gesicht des Landes. Im Laufe der Zeit verschmolzen hinduistische Elemente mit den islamischen und es entstand ein eigener indo-islamischer Baustil. Das wohl bekannteste Grabmal der Welt, das Taj Mahal, ist ein Meisterwerk dieser architektonischen

Symbiose. Feine Einlegearbeiten aus Halbedelsteinen und die Verwendung von Marmor tragen zur Eleganz des Bauwerkes bei.

Anders als die hinduistischen und jainistischen Tempel sind die Moscheen im Inneren in der Regel schmucklos gehalten. Mit überdachtem Gebetsraum, davor liegendem Hof und Minaretten wurden die Moscheen Indiens der islamischen Tradition folgend errichtet. Während ihrer Herrschaft ließen die Mogulregenten riesige Festungs- und Palastanlagen errichten, deren Architektur wiederum die Hindu-Fürsten beeinflusste. Hatten sie bislang ihre Macht mit dem Bau großzügiger Tempelanlagen zur Schau gestellt, ließen die Maharadschas nun verschwenderisch angelegte, märchenhafte Paläste bauen, die ihren unermesslich scheinenden Reichtum zum Ausdruck brachten. Während der Kolonialzeit orientierte sich die Bauweise der Kolonialherren zunächst ausschließlich an der europäischen Architektur. Verwaltungs- und Repräsentationsgebäude dienten der Untermauerung des Herrschaftsanspruchs und sollten die Überlegenheit der eigenen Kultur ausdrücken.

Erst ab dem späten 19. Jahrhundert flossen Elemente der indisch-islamischen Architektur in die Bauweise der Kolonialherren ein. Diese Vermischung indischer und europäischer Einflüsse wird indo-sarazenischer Stil genannt. Das Victoria Memorial in Kolkata weist beispielsweise Elemente der Neorenaissance und des indoislamischen Stils auf, den Höhepunkt bildet aber die Planstadt Neu Delhi, die zweite Regierungsstadt des Kolonrialreiches nach Kolkata: Europäischer Klassizismus und Elemente der indischen Baukunst prägen das Stadtbild.

Den wechselseitigen Einfluss zeigen die in Anlehnung an den europäischen Stil entstandenen Paläste der Maharadschas. Ein beeindruckendes Beispiel ist der Lalbagh Palace in Indore.

Nach der Unabhängigkeit Indiens dominierten zwei Strömungen. Während sich die eine Richtung mit Rückbesinnung auf die Traditionen begründete, orientierten sich die Verfechter des sogenannten Internationalismus an der postmodernen Architektur. Als Musterbeispiel gilt die vom Star-Architekten Le Corbusier entworfene Planstadt Chandigarh, die in den 60er Jahren gebaut wurde und als Symbol für ein neues Indien angesehen wurde.

In den letzten Jahren spiegeln sich die wirtschaftliche Öffnung Indiens und seine Suche nach einer neuen Identität in unterschiedlichen Stilen wieder. Die Shopping Malls nach US Vorbild sind Boten der erstarkenden Ökonomie des Landes. Andere Richtungen beziehen sich auf ökologische, ressourcenschonende Bauweisen oder lassen sich von der indischen Philosophie inspirieren.

Literatur

Die ältesten literarischen Werke des indischen Subkontinents, die in Sanskrit verfassten Veden, sind vor etwa 3.000 Jahren entstanden. Sie sind die wichtigsten religiösen Schriften des Hinduismus.

Von den vier Veden ist die Rigveda der älteste Teil und enthält 1.028 Hymnen an verschiedene Götter. Danach entstand die Samveda, eine Sammlung von Liedern, die Yajurveda, bestehend aus Opfersprüchen, und die Atharvaveda, die Zaubersprüche beinhaltet. Die Upanishaden entstanden um 600 v. Chr. und bilden die Grundlage der hinduistischen Philosophie. Durch die Beteiligung unterschiedlicher Denkschulen an der Entstehung der Upanishaden ist keine fest umrissene Philosophie entstanden, sondern vielmehr eine Sammlung philosophischer Schriften des Hinduismus.

Ab dem 4. Jahrhundert v. Chr. entstanden die beiden großen Epen Ramayana und Mahabharata. Der zentrale Teil des 100.000 Verse umfassenden Mahabharata ist die Bhagavad-Gita. Die Geschichten der Götter und ihrer Heldentaten im Streit mit bösen Mächten sind bis heute beliebt. Die im Kampf zwischen Gut und Böse dargestellten Glaubensvorstellungen und Handlungsweisen hatten großen Einfluss auf die Ausbildung der moralischen Vorstellungen der Hindus und prägen das Leben der Inder bis heute.

Die Einführung des westlichen Bildungssystems und der englischen Sprache hatte entscheidenden Einfluss auf die indische Literatur. Während einige Literaten ihre Werke in englischer Sprache verfassten, besannen sich andere gerade wegen des britischen Kolonialismus auf ihre nationale Identität und schrieben in indischen Sprachen wie Hindi, Tamil oder Bengali. Der bengalische Poet Rabindranath Tagore erhielt 1913 den Literatur-Nobelpreis für sein Werk ›Gitanjali‹ und wurde zum Vorbild für Dichter in ganz Indien.

Der Westen entdeckte die neuere indische Literatur mit Salman Rushdie und seinem Werk ›Mitternachtskinder‹. Rushdie ebnete den Weg für die Werke der Autoren Arundhati Roy, Shashi Taroor oder Amitav Gosh, die in Europa und in den USA die Bestsellerlisten erklommen.

Viele indische Autoren kritisieren das Verfassen der Werke in englischer Sprache und die Themenauswahl der meist im Westen lebenden, erfolgreichen indischen Autoren. Indien werde dadurch verfälscht und verzerrt dargestellt. Der Sprachendisput der Literaturszene kann in Zusammenhang mit der ökonomischen und kulturellen Öffnung des Landes gesehen werden und zeigt die Bestrebung, eine eigene literarische Identität zu finden.

Musik

In Indien gibt es im Wesentlichen drei Musikarten: die klassische Musik, die Volksmusik und die Popmusik.

Klassische indische Musik hat ihre Wurzeln in der Religion und lässt sich bis ins 5. Jahrhundert v. Chr. zurückverfolgen. Aus einem religiösen Anspruch heraus sollten die Zuhörer in eine meditative Stimmung versetzt werden, um eine Verschmelzung mit Gott erlebbar zu machen. Man unterscheidet in dieser klassischen Musik zwischen zwei Hauptströmungen: die hindustanische und die karnatische Musik. Die hindustanische Richtung stammt aus Nordindien und ist stark vom persischen Kulturraum beeinflusst. Sie zeichnet sich durch Klarheit aus und ist von islamischen Elementen durchsetzt. Die karnatische Musik aus Südindien ist der ursprünglichere, ältere Stil mit vielen melodischen und rhythmischen Variationen. Beide Musikstile basieren auf den zwei Prinzipien Raga (Melodie) und Tala (Rhythmus). Jeder Raga besteht aus festgelegten Tonskalen, insgesamt gibt es über 1.000, innerhalb welcher von den Musikern ein bestimmtes Thema improvisiert wird und die je nach Kombination eine bestimmte Gefühlsstimmung vermitteln sollen - so gibt es zum Beispiel Morgen- und Abendragas, andere wiederum sind Jahreszeiten zugeordnet. Die Sitar gilt als klassisches Raga Instrument. Ergänzend zu den melodischen Ragas geben die Talas, meist auf Tablas gespielt, als Taktsystem die Rhythmik der Musikstücke an. Im improvisierten, aber bestimmte Regeln einhaltenden Zusammenspiel und musikalischen Dialog besteht der Reiz dieser Musik. In der Regel gibt es ein Soloinstrument oder eine Vokalstimme, unterstützend begleitet von ein bis zwei Perkussionisten. Einer der berühmtesten Vertreter der klassischen indischen Musik ist der Sitarspieler und Komponist Ravi Shankar.

Die traditionelle Volksmusik Indiens wird meist bei Festen gespielt und ist eher auf die ländlichen Regionen beschränkt. Dabei gibt es je nach Landesteil unterschiedlichste Ausprägungen. In Westeuropa und den USA ist die Bhangra Musik aus dem Punjab bekannt geworden. Diesen traditionellen Musikstil haben indisch-stämmige Engländer wie Panjabi MC und Talvin Singh mit elektronischen Beats unterlegt und damit die Clubs zum Kochen gebracht.

Indische Popmusik, die Merkmale von sowohl westlicher als auch volkstümlicher und klassischer indischer Musik aufweist, erfreut sich unter Indiens Bevölkerung größter Beliebtheit. Vor allem die Songs aus älteren und neuen Kino-Kassenschlagern werden in Bussen gespielt und auf den Straßen gesungen. In Europa und Amerika sind mittlerweile ›Best of Bollywood‹-CDs in jedem Musikhandel erhältlich.

Tanz

Eine beliebte Darstellung Shivas ist die des kosmischen Tänzers Nataraja im Feuerrad, der mit seinem Tanz den Kreislauf von Schöpfung, Erhaltung und Zerstörung der Welt symbolisiert. Der klassische indische Tanz in seiner Ursprungsform ist Ausdruck hinduistisch-religiöser Inhalte, er wird in der hinduistischen Mythologie als heiliger Akt gesehen und wurde über Jahrhunderte hinweg ausschließlich in Tempeln praktiziert. Die Devadasis, junge Mädchen, die als Tempeldienerinnen ihr Leben den Göttern weihen mussten, waren speziell ausgebildete Tänzerinnen. Allerdings beschränkten sich ihre Aufgaben nicht nur auf die tänzerische Verehrung der Götter, auch als Liebesdienerinnen waren sie tätig, bis mit dem Einzug der britischen Kolonialherren und ihrer christlichen Moral die Devadasis mit Prostituierten gleichgesetzt und die Tänze verboten wurden. Mit dem Erstarken der indischen Nationalbewegung in den 30er Jahren besann man sich auf das kulturelle Erbe und die klassischen Tänze wurden wiederbelebt. Mit einem Unterschied - nun wurde auf Bühnen und in Theatern getanzt.

Es gibt mehrere klassische Tanzschulen, die sich in den unterschiedlichen Regionen Indiens entwickelten. Allen Stilen zugrunde liegt das Natyashastra, ein Lehrbuch aus dem 2. Jahrhundert, das von dem Weisen Bharata niedergeschrieben wurde und alle Aspekte der Tanzkunst behandelt. Unter anderem werden alle Bewegungen

und Gesten präzise und ausführlich dargestellt. Über 108 verschiedene Körperhaltungen, 64 Handgesten, ebenso viele Fußbewegungen, 13 verschiedene Kopfdrehungen, 36 Arten von Blicken und 7 unterschiedliche Möglichkeiten, die Augenbrauen hochzuziehen, gibt es, um die Inhalte der indischen Mythologie tänzerisch zu vermitteln. Improvisationen sind nicht gestattet, in exakter Ausführung von Bewegungen und Bewegungsfolgen werden nicht nur Götter, Tiere und Objekte, wie zum Beispiel Waffen, dargestellt, sondern auch die gesamte Skala der Gefühlsregungen. Dabei werden die Charaktere extrem überzeichnet, schließlich sollen beim Zuschauer die entsprechenden Gefühlszustände ausgelöst werden, um eine Art Einheit von Künstler und Publikum herzustellen und die Aufführung zu einer religiösen Erfahrung zu machen.

Fast alle Tänze werden musikalisch von einem Harmonium und einer Trommel begleitet, Fuß- und Armglöckchen unterstreichen die Rhythmik. Von den wichtigsten Tanzformen ist der südindische Bharat Natyam am bekanntesten. Dieser präzise Tanz benötigt zur Vollendung ein jahrelanges, intensives Training, da jede Bewegung, selbst ein Augenzucken, eine eigene Bedeutung transportiert.

Aus Kerala stammt der dramatischste indische Ausdruckstanz Kathakali, der nur von Männern getanzt wird. Kunstvoll geschminkt und in phantasievolle Kostüme gehüllt werden meist Geschichten aus den Epen Ramayana und Mahabharata oft stundenlang vorgeführt. Weitere Formen des klassischen Tanzes sind der Kathak mit persischen und islamischen Einflüssen aus dem Norden, der Gruppentanz Manipuri aus der östlichen Himalaya Region und der gefühlsvolle Odissi aus Orissa.

Die Tanzsequenzen der Bollywood Filme enthalten in ihren Choreographien neben Elementen des westlichen Diskotanzstils und orientalischen Tanzes häufig Posen und Schrittfolgen des klassischen indischen Tanzes.

Festivals, Musik und Tanz in Indien - Wie? Wann Was? Wo?

Eine Ideenübersicht

Martin Lehmann-Waldau

Sie planen eine Reise nach Indien? Sicherlich haben Sie schon eine Menge über die zu jeder Jahreszeit dort stattfindenden, lauten und knalligen Festivals gehört. Aber wer kann schon einordnen, was dort alles passiert? Wer kennt schon den Unterschied in der viele tausend Götter umfassenden Welt der Hindus, in einem Land, das gleichzeitig auch die religiösen Anlässe aller anderen Groß- und Kleinreligionen ohne Rücksicht auf Verluste mitfeiert.

Bereits in zahlreichen altertümlichen Fresken an Palästen und Kaufmannshäusern kann man diesen zwanglosen kulturellen Mischmasch sehen: Muslimische Herrscher beim Feiern des dem Gott Krishna gewidmeten Farbenfestivals im Frühling, hinduistische Brahmanen zu Gast beim alljährlichen Quazzal-Singen anlässlich des Id. Aus neuerer Zeit kommen Bilder von Merry Christmas-Girlanden über Herbergen der Sikhs, christliche Nonnen aus Kerala bei einer Shiva-Prozession in Karnataka. Dieses Miteinander der Religionen in Indien findet leider selten den Weg in unsere Zeitungen, doch werden Sie es beim Besuch jedes beliebigen Festivals sehen können, denn, wie Inder auf der Straße gerne sagen, es gibt einen Gott, aber er hat viele Gesichter.

Welches Festival soll es also sein? Angesichts der Vielzahl erscheint es müßig, die Reiseplanung danach zu richten, denn jeder Indienfahrer wird früher oder später zwangsläufig in eine Prozession geraten. Plötzlich steht der Verkehr still, das Straßenbild wird, so es denn möglich ist, noch bunter und laute Musik kündigt die Party an. Die wichtigsten nationalen Festivals sind Shivaratri (Nacht des Gottes Shiva) und Holi (Farbenfestival zum Geburtstag des Gottes Krishna) im Frühjahr, Ganesh Chathurti (Feier des Gottes Ganesh) im August, Guru Nanaks Geburtstag, Dushera (Gőttin Durga) und Diwali (Gott Ram) sowie Id im Herbst.

Diese großen religiösen Feste haben zwar lokale ›Brennpunkte‹, werden aber eigentlich überall gefeiert, die Unterschiede in der Ausrichtung sind regional aber zum Teil enorm. Während etwa Dushera im Himalaya mit Prozessionen der Dorfgottheiten zu einem gemeinsamen Treffpunkt hin begangen wird, werden in Kolkata riesige Standbilder der Göttin Durga durch die Straßen gefahren. Zu Shivaratri in Rishikesh sind die Tempel die ganze Nacht über in Betrieb, während in Gokarna ein riesiger Holzwagen mit dem Standbild Shivas von Hunderten Menschen durch den Ort gezogen wird.

Am besten ist es also, sich in der Region, in der man sich gerade aufhält, nach der interessantesten Veranstaltung zu erkundigen. Die Inder sind ein äußerst kommunikatives Volk und ein jeder wird Ihnen gerne und mit Stolz erklären, welche Feier wo am besten zu sehen ist. Dabei wird es dem Reisenden aus dem Westen auffallen, dass bis wenige Tage vor dem Start niemand so recht sagen kann, an welchem Tag nun konkret das Fest sein wird. Diese richten sich nämlich meist nach dem Mond, so dass sich das Datum in jedem Jahr ändert. Trotz dieser Unklarheit kann man sicher sein, dass alle zum rechten Zeitpunkt in großer Zahl und in bester Kleidung erscheinen werden. In den Augen der Besucher scheint diese Art der Organisation dann geradezu magisch, denn es funktioniert trotz der bis zum Schluss währenden Unwägbarkeiten.

Neben diesen nationalen Großveranstaltungen gibt es auch noch die verschiedenen Melas. Das sind lokale Feste, die der Unterhaltung und dem Geschäftemachen dienen. Eines der bekanntesten und inzwischen ebenfalls aus allen Nähten platzenden Mela ist das Pushkar-Festival im Herbst. Eigentlich ursprünglich als Kamel- und Viehmarkt konzipiert, ist es mittlerweile zu einem großen Jahrmarkt mit Unterhaltungsdarbietungen aller Art mutiert. Ein weiteres bekanntes Fest, das nur alle paar Jahre in verschiedenen Orten stattfindet, ist das Kumbh Mela, das im Winter zelebriert wird. Es ist eine Zusammenkunft von Heiligen und Asketen, die dem spirituellen Wachstum sowohl der teilnehmenden Yogis als auch der besuchenden Bevölkerung dient - und es ist der größte Esoterikjahrmarkt weltweit. Religionsgemeinschaften, Sekten, Meister, Scharlatane, Spinner, Clowns, Suchende und Weise mischen sich wild durcheinander und sind nur noch schwer oder gar nicht mehr auseinanderzuhalten. Eine rechte Waschmaschine für die eigenen Wertvorstellungen.

Melas finden aber auch in jedem Dorf statt und sind dort vergleichbar mit unseren Schützenfesten. Dort wird dann ein Jahrmarkt rund um den Dorftempel herum aufgebaut und es gibt ein Volleyballturnier, Folkloretanz (nicht als Aufführung, sondern als tatsächliche, lokale Feier!), Essenseinladungen und Essensstände, fliegende Händler und Tätowierer, Akrobaten und Quacksalber. Bei diesen kleinen Festen kann man bestens das regionale Dorfleben betrachten und sich in mittelalterliche Zustände zurückversetzen lassen.

Neuere Entwicklungen sind die künstlerisch wertvollen Tanzfestivals und Konzerte, die oft von den Tourismusbehörden veranstaltet werden. Zu nennen ist etwa das alljährliche kostenlose Konzert in Nehru Park (Delhi), bei dem Größen der klassischen indischen Musik die ganze Nacht hindurch musizieren. Das Tanzfestival von Mamallapuram in Tamil Nadu zeigt klassischen Tempeltanz, der Rajasthan Tag in Jaipur feiert Tanz und Musik dieses Bundesstaates. Unzählige weitere solcher Veranstaltungen sind auf den Webseiten der jeweiligen bundesstaatlichen Fremdenverkehrsämter zu finden.

Die Veranstaltungen und Feste Indiens sind so zahlreich und so vielfältig, dass eine erschöpfende Darstellung schier unmöglich ist. Wie von allem in diesem Land, hat man auch von Festen und Partys eine ungeheure, vielfältige und kaum überschaubare Menge.

Was also ist zu tun bei der Planung der Indienreise? Wahren Sie sich innerhalb Ihres Reiseablaufs ein Stück Flexibilität, so dass sie das mit Sicherheit urplötzlich in Ihrer Nähe auftauchende Festival wahrnehmen und genießen können. Denn Zeit müssen Sie haben, um sich auf das Treiben und die vielen dargebotenen Details einlassen zu können. Und vergessen Sie die Kamera nicht.

Malerei

Von den vorgeschichtlichen Keramikmalereien der Induskultur abgesehen, sind die Höhlenmalereien von Ajanta und Ellora die herausragendsten Beispiele der früh entwickelten Malkunst Indiens. Zwischen dem 1. und dem 8. Jahrhundert n. Chr. entstanden diese Freskenmalereien, die meist Szenen aus dem Leben des Buddha darstellen.

Ab dem 12. Jahrhundert entwickelte sich die Miniaturmalerei, die anfangs auf Palmblättern praktiziert wurde. Durch mogulische Herrscher, die persische Maler mit an den Hof nach Delhi brachten, und der Entwicklung der Papierherstellung konnte sich die Miniaturmalerei vollends entfalten, bis sie zwischen dem 16. und dem 18. Jahrhundert ihre volle Blüte erreichte. Thematisch behandelten die Bilder ursprünglich das höfische Leben und die Taten der Herrscher, erst im Laufe der Zeit, vor allem unter dem Herrscher Akbar, entwickelte sich die Porträtmalerei. Die höfischen Maler gingen in ihrem Bestreben nach detailgenauer Darstellung so weit, dass sie mit Pinseln arbeiteten, die aus einem einzigen Haar bestanden.

Dieser Malstil der mogulischen Höfe nahm Einfluss auf die Entstehung der Malerei an den Herrscherhäusern in Rajasthan. Diese sogenannte rajputische Malerei übernahm Elemente aus dem Mogulstil und ergänzte sie durch eigene Traditionen, wie beispielsweise die Verwendung von Zeichen und Symbolen für bestimmte Gegenstände oder Situationen, die nur ein Eingeweihter verstehen kann. Ein Pfau beispielsweise ist eine verschlüsselte Darstellung des Monsuns.

Die Illustration von religiösen Texten und Geschichten aus dem Leben Krishnas waren in der rajputischen Malerei besonders beliebt. Die Malerei war allerdings nicht nur den Herrschern vorbehalten; heimische Gemälde und Bilder an Eingängen der Häuser sind noch heute in der Tradition des Volkes, vor allem auf dem Land, verankert.

Die moderne Malerei Indiens ist mittlerweile ein integraler Teil des internationalen Kunstmarktes geworden und wurde durch die ökonomische Öffnungs Indiens Anfang der 90er Jahre rasant vorangetrieben. Werke moderner indischer Künstler erzielen bei Christie's und Sotheby's in London und New York ebenso Einnahmen in Millionenhöhe wie die Künstler der restlichen Welt. Die begehrtesten Werke stammen von der Künstlergruppe des ›Progressive Movements‹, die sich nach der indischen Unabhängigkeit 1947 gründete und sich von den westlichen Expressionisten inspirieren ließ. Werke der Gruppe, zu denen M.F. Husain und Syed Raza gehören, gehen für schwindelerregende Summen über den Auktionstisch. Die zweite und dritte Generation von Künstlern nach der Unabhängigkeit, wie Atul Dodyia oder Subodh Gupta, verknüpfen den Formalismus der Postmoderne mit indischen Themen.

Die indische Kunst ist also in keinem Fall nur ein Relikt der vergangenen Zeiten, sondern hat sich mit ihren modernen Ausprägungen einen festen Platz in der internationalen Kunstszene erobert. Ein Nischendasein muss sie nicht mehr führen.

Bollywood

Von Indien ist die Welle nach Deutschland herüber geschwappt - bei der Berlinale stellte der Bollywoodstar Shah Rukh Khan seinen umjubelten Film ›Om Shanti Om‹ vor. Der Superstar hat neben seinen 3,6 Milliarden asiatischen Fans zahlreiche deutsche Anhänger dazu gewonnen. Bollywood ist auf dem Vormarsch - RTL2 und Arte zeigen die dreistündigen Schmachtfetzen, selbst Bollywood Musicals werden farbenprächtig aufgeführt und die Songs auf den großen Bühnen der Republik geschmettert. Die gleichen Songs ertönen in Indien vom äußersten Norden bis in den tiefsten Süden, in Bussen tönen Bollywood Filmsongs aus billigen Lautsprechern, auf den Straßen erklingen herzerweichende Liebeslieder und poppige HipHop Grooves aus den schwarz-gelben Rikshas. Und die Songs sind es auch, die letztlich darüber entscheiden, ob ein Film ein Hit wird oder in den Regalen der Videohändler verstaubt. Floppt die Musik, floppt der Film.

Die indische Filmindustrie produziert weltweit die meisten Filme, jährlich sind es über 950, etwa 300 davon stammen aus Mumbai, dessen früherer Name Bombay und der Vergleich mit der amerikanischen Traumfabrik Hollywood zur Wortkreation ›Bollywood‹ anregten. In Indien werden diese Filme auch ›Masala Movies‹ genannt: Wie die feurige Gewürzmischung Masala werden diverse Zutaten zu einer facettenreichen Gesamtkomposition vermengt. So ist der populäre Film Liebesfilm und Actionfilm, Tragödie und Komödie, Tanz- und Musikfilm zugleich - eine bunte Mischung verschiedener Genres.

Die Geschichten und Handlungsstränge sind seit Beginn der indischen Filmgeschichte ähnlich. Meist findet sich ein Liebespaar, das auf Grund unterschiedlicher Kastenzugehörigkeit oder wahlweise verfeindeter Familien nicht zusammenfinden dürfte. Häufig verwendete Konfliktmuster: Der Bösewicht muss in zahlreichen Actionszenen besiegt, der traditionelle Vater der Auserwählten überzeugt werden und die traurige Mutter ihr Seelenheil finden. Sämtliche Hindernisse und Schurken werden aus dem Weg geräumt und im Happy End findet das Paar zusammen - allerdings erst drei Stunden und zahlreiche Gesangs- und Tanzeinlagen später.

In der Choreographie finden sich Elemente des klassischen indischen Tanzes, des Jazz-, des Stepptanzes und des HipHop-Stils wieder. Getanzt wird entweder mit einer großen Gruppe oder zu zweit, klassisch indisch auf dem traditionellen Dorffest im Sari genauso wie sonnenbebrillt im Discostyle mit Macholederjacke und im ultrakurzen Mini in der Metropole. Selbst die Schweizer Bergwelt findet sich als Hintergrundkulisse des bunten Ringelreihens und Fangspiels zwischen Held und Heldin wieder.

Der Held unterscheidet sich charakterlich vom durchschnittlichen Hollywood Helden. Der indische Held zeigt Gefühle, er weint, er leidet, er lacht und er liebt. Neben seiner aufrichtigen und leidenschaftlichen Liebe zur Auserwählten, ist sein Gefühlsleben in großem Maße von der Befindlichkeit seiner Mutter geprägt. Das Glück des Helden hängt entscheidend von ihrem Glück ab. Anders als der raubeinige Hollywood-Held à la Clint Eastwood kommt der indische Filmheld aus geordneten Verhältnissen. Er trinkt nicht, ehrt die Eltern, seine Tugenden sind Treue, Ehrlichkeit und Selbstlosigkeit, er ist ein aufrechter Kämpfer gegen das Böse. Im Vergleich mit den amerikanischen Kollegen nimmt sich der indische Held für den westlichen Zuschauer als verweichlichter Barde aus. Seine Männlichkeit stellt er durch schwarze Lederhosen, rasante Motorradfahrten und durchschlagende Fähigkeiten im Nahkampf dar, nicht durch coole Attitüden und ruppige Sprücheklopferei. Die extrem familienorientierte indische Gesellschaft lässt nur Helden zu, die ihren Werten Rechnung tragen. Ein nach persönlicher Verwirklichung strebender, individualisierter Held hat dort keinen Platz. Das Happy End ist immer auch ein glückliches Ende für die Eltern der Beteiligten.

Die Heldin hat in den letzten Jahrzehnten einen enormen Charakterwandel durchgemacht. Jahrzehntelang war sie das Vorbild der leidensfähigen, treusorgenden und tugendhaften Frau, deren Darstellung sich wie ein roter Faden durch die Filme zog. Nun gibt es kein einheitliches Frauenbild mehr, Stereotypen und traditionelle Frauenbilder findet man heutzutage genauso wie modernere und realistischere Darstellungen. Neuere gesellschaftliche Entwicklungen, wie das Erstarken der Frauenbewegung und das vorsichtige Infragestellen alter hierarchischer Strukturen, zeichnen sich in einigen Filmen anhand modernerer Frauenrollen ab.

Auch der Umgang mit Erotik im Film hat sich in den letzten Jahren gelockert. Es wird mehr nackte Haut gezeigt, die Sinnlichkeit der Hauptdarstellerin durch Closeups auf Augen und Mund hervorgehoben, die Bekleidung der Tänzerinnen sehr körperbetont ausgewählt. Die freizügigere Darstellung im Film wird als Mittel benutzt, um mehr männliche Kinobesucher vor die Leinwände zu locken - die Tabuisierung von Erotik und Sexualität in der indischen Gesellschaft hat sich im Gegenzug nicht verändert.

Da sich die Wert- und Moralvorstellungen von Stadt- und Landbevölkerung und von Region zu Region maßgeblich unterscheiden, werden die Filme dem jeweiligen Publikum angepasst. In Nordindien sieht man gerne actionlastige Filme, in den Metropolen kann es freizügiger zugehen, auf dem Land mag man religiöse und traditionelle Inhalte. Wenn ein Regisseur es schafft, das Publikum von Nord bis Süd, in der Stadt und auf dem Land zu begeistern, dann hat er den Massengeschmack getroffen. Dabei spielt das Staraufgebot eine entscheidende Rolle, denn die Inder lieben ihre Leinwandhelden. Durch sie können sie für drei Stunden die harte Realität außerhalb des Kinosaals vergessen. Die Stars prangen omnipräsent von riesigen Plakaten zwischen den Häuserschluchten, ertönen durch die Lautsprecher der Busse, liefern Stoff für Träume.

Beliebt ist ein Wechsel der Filmhelden in die Politik, ob als gutbezahltes Zugpferd für eine Partei oder direkt als Mandatsträger. Der Schauspieler N. T. Rama Rao zum Beispiel gründete im südindischen Andhra Pradesh eine Partei und avancierte zum Ministerpräsidenten. Als die Wähler feststellten, dass sie Fiktion mit Realität verwechselt hatten und er sein filmisches Versprechen als ewiger Sieger gegen das Böse nicht einhalten konnte, wählten sie ihn wieder ab.

Manchmal kommen Verbindungen des indischen Filmbusiness zur Unterwelt ans Tageslicht, die ihre Einnahmen aus Drogenschmuggel, Prostitution und Waffenschieberei durch Investitionen im Filmbusiness reinwäscht. Da Produzenten und Regisseure einem extremen Konkurrenzkampf ausgesetzt sind, bleibt ihnen häufig nichts anderes übrig, als die Kredite der Unterweltbosse anzunehmen. Es heißt, dass etwa die Hälfte der Investitionssummen aus Krediten der Unterwelt stammt. Manchmal kommt es zu einem Interessenskonflikt, da die Drogenbosse auf die Auswahl der Stars und Regisseure Einfluss nehmen wollen, außerdem werden erfolgreiche Regisseure, Produzenten und Schauspieler häufig Opfer von Schutzgelderpressungen der Mafia. Wird der Deal abgelehnt, versucht die Mafia, die Erpressten umzubringen - allein in Mumbai sind über 2.000 Polizisten um den Schutz von etwa 40 Stars bemüht.

Während im Film singend und tanzend das Gute beschworen wird, geht die harte Realität hinter den Kulissen der glitzernden Filmwelt eben trotzdem weiter.

Film

Die indische Filmindustrie produziert weltweit die meisten Filme. Seit dem Beginn der indischen Filmgeschichte sind 30.000 Filme in über 40 Sprachen produziert worden. Der Auftakt der indischen Filmgeschichte begann im Jahre 1913, als der indische Filmemacher D.G. Pahlke seinen ersten Spielfilm ›Raja Harishchandra‹, eine Geschichte aus dem Mahabharata, verfilmte. Als die britischen Kolonialherren 1917 ein Zensursystem einführten, achteten sie vor allem auf politische Inhalte. Nicht nur indische, auch ausländische Filme unterlagen der Zensur. Vor allem freizügige Hollywoodfilme wurden verboten, da man befürchtete, das Ansehen der Briten könnte bei der indischen Bevölkerung Schaden nehmen.

Mit der Einführung des Tonfilms eroberten sich indische Filmemacher den bis dato vom Hollywoodfilm dominierten indischen Filmmarkt und in den 30er Jahren entwickelte sich der für Indien typische Musikfilm, ein Mischmasch aus Songs, Tanzeinlagen und Elementen verschiedener Genres. Einige sozialkritische und künstlerisch anspruchsvolle Filme wurden in den 50er

Jahren gedreht, Filme von Regisseuren wie Guru Dutt, der die Zerstörung von Unschuld und selbstloser Liebe durch Modernität thematisierte, füllten jahrelang die Kinosäle. Besonders großer Beliebtheit erfreuten sich Filme von Raj Kapoor, der die Figur des tragisch-komischen Außenseiters etablierte. International wurde vor allem Satyajit Ray mit seiner Apu-Trilogie bekannt, die das Erwachsenwerden eines Jungen erzählt.

Während in den 70er Jahren actionlastige Filme in Mode kamen, wurden im darauffolgenden Jahrzehnt realistische Themen verarbeitet. Die Unterdrückung der Frauen wurde ebenso thematisiert wie die Übermacht der Landbesitzer oder die Muslim-Hindu Problematik.

In den 90er Jahren dominierten Liebesfilme, die häufig in einer prunkvollen Hochzeit gipfelten, Kuss- oder Erotikszenen waren dabei allerdings tabu. Dieser Umgang mit Erotik hat sich erst in den letzten Jahren gelockter, zeitgleich werden immer modernere Themen aufgegriffen. ›Chak de India‹ beispielsweise handelt von einer indischen Damenhockeymannschaft und war einer der erfolgreichsten Filme 2007, ›Rang de Basanti‹ erzählt vom Aufstand indischer Jungendlicher gegen die Korruption - mit unüberhörbaren Seitenhieben auf das aktuelle politische System.

Trotz der Beherrschung der Filmlandschaft durch den kommerziellen Hindifilm hat sich auch eine alternative Filmszene entwickelt. Besonders das südindische Kerala und Kolkata sind Zentren dieser avantgardistischen Strömung. Eine der international bekanntesten Filmemacherinnen ist die in den USA lebende Inderin Mira Nair, die Filme wie ›Salaam Bombay‹ und ›Monsoon Wedding‹ gedreht hat. Für Letzteren wurde sie in Venedig mit dem Goldenen Löwen ausgezeichnet.

In Kanada lebt die ebenso anerkannte indische Filmemacherin Deepa Metha, die durch ihre Trilogie ›Fire‹ (1996), ›Earth‹

(1998) und ›Water‹ (2005) weltweit bekannt wurde. ›Fire‹ behandelt die lesbischen Liebe, ein Tabuthema in Indien, ›Earth‹ handelt von der Teilung Indiens im Jahre 1947 aus der Sicht eines Parsen Mädchens. ›Water‹ beschäftigt sich mit dem Leben von Witwen in den 30er Jahren. Die Dreharbeiten zu diesem Film mussten wegen hindunationalistischer Proteste und Angriffe abgebrochen werden. In ihrem neusten Film ›Heaven on Earth‹ greift sie ein weiteres Tabuthema auf, die Gewalt gegen Frauen. Beim internationalen Filmfest in Chicago 2008 erhielt die Hauptdarstellerin Preity Zinta für ihre Charakterrolle den Preis der besten Schauspielerin.

Der beliebteste Leinwandheld ist Shah Rukh Khan, der Millionen Fans weltweit begeistert. Die Schauspieler Salman Khan, Amir Khan und Amitabh Bachan gehören zu den bekanntesten Akteuren des Hindi Films und sind in Indien äußerst populär. Da die Songs ein elementarer Bestandteil der Filme sind, ist die Liste der Gesangstars lang. Zwei Superstars seien genannt - Lata Mangeshkar wirkte in über 900 Filme mit, was ihr den Namen ›Indiens Nachtigall‹ einbrachte. Ihr männliches Pendant war über Jahrzehnte hinweg Mohammad Rafi, der mit 26.000 Songs einen Eintrag ins Guinness Buch der Rekorde erlangte.

Derzeit investieren alle großen amerikanischen Filmstudios in Indien, auch der australische Medienmogul Murdoch hat mit seiner Produktionsfirma Twentieth Century Fox Verträge mit zwei indischen Produktionsfirmen für Gemeinschaftsprojekte geschlossen. Es bleibt abzuwarten, wie sich diese Entwicklung im Bollywoodfilm niederschlägt.

Ayurveda

Ayurveda, die Jahrtausende alte traditionelle Heilslehre aus Indien, boomt seit einigen Jahren in westlichen Ländern. Die Palette der Angebote ist reichhaltig - ayurvedische Kochkurse, Massagen, Kosmetikprodukte und selbst Räucherstäbchen werden unter dem Siegel der traditionsreichen Gesundheitslehre angeboten. Viele Anbieter nutzen die Popularität von Ayurveda, um ihre Kassen zu füllen, mit der authentischen ayurvedischen Heilskunde haben diese Produkte außer den Namen oft nichts gemein.

Ayurveda stammt aus dem Sanskrit und heißt übersetzt ›Wissen vom Leben‹. Dabei bezieht sich dieses Wissen nicht ausschließlich auf medizinische Erkenntnisse, Ayurveda ist vielmehr eine Philosophie, die den Menschen und seine Umwelt ganzheitlich berücksichtigt. Die Harmonie von Körper, Geist und Seele ist dabei das Grundziel. In den etwa 2.000 Jahre alten maßgeblichen Schriften dieser Gesundheitslehre wird das Leben als komplexes System beschrieben, das von zahlreichen Faktoren und kausalen Verkettungen beeinflusst wird. Der richtige Umgang des Menschen mit sich und seiner Umwelt ist dabei wesentlich für das persönliche Wohlergehen und ein gesundes Leben.

Nach der ayurvedischen Lehre herrschen sowohl im Menschen als auch im Kosmos identische Kräfte: Erde, Wasser, Feuer, Luft und Raum. Diese Elemente sollen im menschlichen Körper in drei Energien wirken, den sogenannten Doshas: Vata, Pitta und Kapha. Dabei werden jedem Dosha bestimmte Körperfunktionen zugeordnet. Nach ayurvedischer Lehre bestimmt Vata Kreislauf und Nervensystem, Pitta die Verdauung und den Stoffwechsel, Kapha hat Einfluss auf Gelenke.

Jeder Mensch wird mit einem bestimmten Mischverhältnis dieser drei Doshas geboren, allerdings dominieren meist ein oder zwei davon. Gerät diese individuelle Konstitution in ein Ungleichgewicht, kann sich das auf den Körper auswirken - der Mensch erkrankt. Durch eine Kombination verschiedener Therapiemethoden, wie Massagen und Behandlungen mit Pflanzenölen, Einläufen und eine auf den Typus abgestimmte Ernährungsweise, sollen die Selbstheilungskräfte des Körpers aktiviert werden. Ziel ist es, die Doshas wieder in Harmonie zu bringen.

Nach ayurvedischer Lehre ist die richtige Ernährung wichtiger Bestandteil einer gesunden Lebensführung. Ebenso wie dem Menschen und dem Kosmos werden die fünf Elemente auch Nahrungsmitteln zugeordnet. Soll nun ein bestimmtes Dosha reduziert oder gefördert werden, empfiehlt die ayurvedische Heilkunde entsprechende Lebensmittel. Neben der richtigen Ernährung gehören zu einer ganzheitlichen Lebensweise ausreichend Bewegung sowie emotionale und mentale Ausgeglichenheit, weswegen Yoga und Meditation häufig in die Behandlung integriert werden.

Immer größer werdender Beliebtheit bei westlichen Touristen erfreuen sich Kuren in Kerala, der Wiege von Ayurveda. Da aber auch unseriöse Angebote wie Pilze aus dem Boden schießen, empfiehlt es sich, auf die Qualifikation und die Ausbildung der behandelnden Ärzte zu achten - eine richtige ayurvedische Ausbildung umfasst mehrere Jahre. Mit Schnellqualifikationen, wie sie in Deutschland häufig abgeschlossen werden, kann keine seriöse Behandlung erfolgen.

Wirtschaft

Wirtschaft im Überblick

Nach der Unabhängigkeit Indiens wurde die Wirtschaftspolitik nach sozialistischem Vorbild gestaltet. Schlüsselbereiche wie Bergbau, Schwerindustrie, Transport und Kommunikation wurden verstaatlicht. Die Landwirtschaft und die Konsumgüterindustrie wurden privatwirtschaftlich betrieben, während private Großunternehmen und ausländische Investoren auf bestimmte Sektoren und Anteile beschränkt waren. Weitgehend abgeschottet vom Weltmarkt und auf den Binnenmarkt orientiert, schlitterte Indien 1991 in die Zahlungsunfähigkeit. Das gab den Auslöser für weitreichende neoliberale Reformen. Das Land öffnete sich für den Außenhandel und ebnete den Weg für Investoren aus dem Ausland mit Steuerbefreiungen, Sonderwirtschaftszonen und vereinfachten Verfahren zur Enteignung von Landbesitz.

Heute gilt Indien mit Wachstumsraten um acht Prozent als eine der Wirtschaftsmächte der Zukunft, wobei das stärkste Wachstum im verarbeitenden Gewerbe und im Dienstleitungssektor zu verzeichnen ist. Die Mittelschicht ist auf ein Drittel der Bevölkerung gewachsen, deren starke Konsumnachfrage Indien für ausländische Investoren zunehmend attraktiv macht. Laut der Unternehmensberatung McKinsey soll im Jahr 2025 die indische Mittelschicht 600 Millionen Menschen stark sein.

Boomtowns wie Bangalore und Hyderabad sind Symbole für das aufstrebende Indien und unterstreichen dessen führende Rolle in der Softwarebranche. Vor allem IT-Services und andere Dienstleistungen waren die Motoren des Aufschwungs. Als Backoffice der Welt gibt sich Indien heute aber nicht mehr zufrieden, immer

komplexere Aufgaben werden übernommen - Kundenberatung, Controlling, Marktanalysen, selbst die Diagnose von Röntgenaufnahmen für Ärzte aus Boston oder London.

Zahlreiche ausländische Firmen haben Indien als Forschungsstandort gewählt, Unternehmen wie SAP, IBM und Microsoft beschäftigen Zehntausende in ihren Entwicklungsabteilungen und haben 2007 über neun Milliarden Dollar in die Forschung hineingepumpt. Dieser Boom ist nicht auf die IT-Branche beschränkt, auch die Pharmaindustrie, Unternehmen der Elektrotechnik und des Maschinenbaus investieren entsprechende Forschungsgelder. Das verarbeitende Gewerbe, wie Automobilzulieferer und Maschinenbauunternehmen, wird immer mehr zum Stützpfeiler der indischen Industrie und deutsche Unternehmen profitieren davon, indem sie ihre Maschinen und Anlagen nach Indien exportieren.

Bei diesem wundersamen Aufstieg vom Entwicklungsland zur Wirtschaftsmacht wird schnell übersehen, dass Indien in erster Linie ein Agrarland ist. Vom Wirtschaftsboom profitiert vor allem die Bevölkerung in den Städten, wo sich eine kaufkräftige Mittelschicht stabilisiert, während der Aufschwung an der Landbevölkerung vorbeigeht. In den ländlichen Regionen zeigt sich ein ganz anderes Indien - dort gibt es Tausende verarmte Bauern, die aus Verzweiflung den Freitod wählen, und da sind Millionen, die mit der Hoffnung auf ein besseres Leben ihre Dörfer verlassen und in die Städte drängen. Während die Mittelschicht in Designerklamotten den Aufschwung feiert, legen sich Abertausende zum Schlafen auf den Asphalt, weil sie nicht einmal ein Slumdach über dem Kopf haben. Sie gehören zu den 35% der Bevölkerung, die noch immer von weniger als einem Dollar am Tag leben müssen.

Diese gesellschaftlichen Extreme bergen sozialen Konfliktstoff. Die Abwahl der Regierung 2004 wird wesentlich mit der Unzufriedenheit der ländlichen Bevölkerung über den fehlenden Anteil am wirtschaftlichen Aufschwung erklärt.

Bei der zukünftigen Entwicklung Indiens als Wirtschaftsmacht werden einige strukturelle Probleme gelöst werden müssen. Das unzureichende Verkehrswesen und die mangelhafte Energieversorgung sind neben der Förderung des Bildungs- und Gesundheitswesens dringend erneuerungsbedürftig. Die weit verbreitete Korruption, die Auflagen der staatlichen Bürokratie sowie Arbeitsrechtsverordnungen, wie zum Beispiel der Schutz vor Kündigung, werden nach einer Studie der Weltbank als negative Faktoren für das Wachstum der indischen Wirtschaft eingeschätzt.

Dennoch werden Indiens Perspektiven insgesamt als sehr günstig angesehen, da die Voraussetzungen für einen anhaltenden Wirtschaftsaufschwung gegeben sind: die junge Altersstruktur der Gesellschaft, die relativ hohe Zahl an gut ausgebildeten Arbeitskräften und die zunehmende Verzahnung Indiens mit der Weltwirtschaft.

Die alten Zeiten

Martin Lehmann-Waldau

In einem Hinterzimmer, in einem abgelegenen Tal abseits der Reiseführer sitzen ein paar Leute zusammen, hören Goa-Trance und konsumieren illegale Drogen. Auch Bier ist auf dem Tisch. Die Jüngsten sind es nicht mehr, die da das Chillum herumgehen lassen. Dennoch ist eine Aufbruchstimmung zu spüren, denn dieses Land der unbegrenzten geistigen Möglichkeiten hält die in die Jahre gekommenen Reisenden, Aussteiger und Querköpfe noch immer in seinem Bann. Doch etwas hat sich verändert während der letzten zwei Jahrzehnte, darin sind sich alle einig.

»Die Leute, die nach Indien kommen, sind nicht mehr dieselben. Früher traf man auf Schritt und Tritt Charakterköpfe, Lebenskünstler. Eine Menge Drogenkonsumenten natürlich, aber auch die ganze Szene der Heiligen, also die spirituell Bewegten. Später dann die DJs und die Partyszene. Jetzt trifft man mehr Leute mit Wanderschuhen und Funktionskleidung, mit Videokameras und Wanderstöcken. Die abgefahrenen jungen Japaner mit Rastalocken haben den Reisegruppen Platz gemacht. Die alte Szene ist zur Seite gewichen, die Plätze zum ungestörten Nehmen einer Auszeit werden weniger und weniger.«

Sie nicken, lassen das Chillum kreisen und drehen die Musik etwas lauter.

Tatsächlich sind viele der alten Treffpunkte und Partyplätze inzwischen von Ressortbetreibern professionell entwickelt worden. Partys unter dem Vollmond sind Clubnächten an der Bar gewichen. Neue, moderne Geschäfte, bei den Touristen und der indischen Mittelklasse beliebt, vertreiben die alten Ramschläden. In Pushkar (Rajasthan) gibt es noch solche alten, seit Generationen betriebenen Geschäfte. Dort trifft man sich mit den Einheimischen und raucht ein Chillum, hier ist der Siegeszug des Alkohols noch nicht vollkommen. Die Illegalisierung des Ganja und die Großwerbung für Whiskey und Bier haben dazu geführt, dass Alkohol nunmehr gesellschaftlich akzeptiert ist und in jedem noch so kleinen Dorf gibt es Schnapsläden. Der Großteil des Alkohols ist unter Lizenz amerikanischer und europäischer Firmen hergestellt.

»Früher war es problematisch, in Indien ein Bier zu finden. Das ist jetzt ganz einfach geworden - dafür ist es seit gestern verboten, an einer Bushaltestelle eine Zigarette zu rauchen«, sagt Soni, der im Schneidersitz in der Mitte seines mit Antiquitäten bis oben hin vollgestopften Ladens sitzt.

»Das Internet hat alles verändert«, sagt ein Amerikaner, der seit dreißig Jahren in Asien unterwegs ist. »Ständig schauen die Leute ihre Emails nach. Nachts wird gechattet und geskypt. Kaum einer ist mehr wirklich geistig unterwegs, denn die dazu erforderliche Distanz zur Heimat ist fast nicht mehr herzustellen. Es dauert eine Weile, um sich auf etwas Neues einzulassen. Ständiger Kontakt mit Daheimgebliebenen behindert und raubt Zeit.«

Beim Klosterfestival in Hemis (Ladakh) sind die Touristen inzwischen mittels einer Barriere von den Mönchen abgeschirmt, nachdem es mehrfach zu Behinderungen durch Fotografierwütige gekommen ist. In entlegeneren Gebieten gibt es aber noch immer sogenannte Spinner und Abtrünnige, die einheimisch gekleidet inmitten einer lokalen Familie ohne Kamera die Kultur aufzunehmen versuchen.

»Indien ist immer noch speziell, trotz der modernen Straßen und Häuser«, der Engländer Kevin lacht und schlürft seinen Tee. »Die vielen Jahre hier haben mich zu dem Menschen gemacht, der ich bin. Viel ruhiger, viel gelassener als zuvor. Und an Erfahrungen unendlich reicher. Wer sich heute nicht mehr darauf einlassen will, ist selbst schuld. Man muss schon was riskieren, wenn man vorankommen will.«

Wirtschaftssektoren

Trotz industrieorientierter Wirtschaftspolitik ist Indien ein Land der Dörfer. Nahezu 60 Prozent der Bevölkerung arbeiten in der Landwirtschaft, in der aber lediglich ein Viertel des Bruttoinlandsproduktes erwirtschaftet wird. Kleinstbetriebe dominieren und die meisten Bauern wirtschaften nur für den Eigenbedarf. Hauptsächlich werden Reis und Getreide angebaut sowie Zuckerrohr, Tee und Baumwolle. Exporterlöse werden meist durch Tee, Gewürze und Kaffee erwirtschaftet. Da die Ernte stark vom Monsun abhängig ist, unterliegen die Erträge starken Schwankungen.

Mit der sogenannten ›Grünen Revolution‹ Mitte der 60er Jahre wurden durch die Einführung von Hochertragssorten, Düngemittel und Pestiziden, einer Ausweitung der Bewässerung und einer höheren Technisierung zunächst die Erträge gesteigert. Die negativen Auswirkungen zeigen sich heute - Schädlinge sind resistent geworden und die Böden durch Überdüngung ausgelaugt, so dass einige kleine Betriebe wieder traditionelle Bewirtschaftungsmethoden aufgreifen.

Mit der ›Blauen Revolution‹ wurden in den 80er Jahren die Fischereiflotten modernisiert und Farmen für Meerestiere errichtet. Die Erträge aus dem Fischfang wurden so zwar gesteigert, allerdings kam es gleichzeitig auch zu einer dramatischen Überfischung vieler Küstenregionen. Trotzdem sind Fisch und Garnelen heute wichtige Exportprodukte der indischen Wirtschaft.

Im Industriesektor arbeiten etwa 15 Prozent der Arbeitskräfte und erwirtschaften ungefähr ein Viertel des Sozialproduktes. Die Textilindustrie zählt neben der Stahl-, Baustoff- und chemischen Industrie zu den wichtigsten Wirtschaftszweigen. Die IT-Branche mit ihrer Soft- und Hardwareproduktion, die Rüstungsindustrie und die Luft- und Raumfahrtsindustrie sind hoch entwickelte Wirtschaftssparten. Die Biotechnologie gewinnt mit enormen Wachstumsraten zunehmend an Bedeutung.

Etwa 50 Prozent des Bruttosozialproduktes werden im Dienstleistungssektor erwirtschaftet, obwohl lediglich ein Fünftel der Erwerbstätigen in diesem Bereich beschäftigt sind. Eine besondere Rolle nimmt die IT-Branche ein, die mit ihrem Dienstleistungsangebot an ausländische Firmen äußerst erfolgreich ist. Zahlreiche ausländische Firmen haben ihre Callcenter oder Verwaltungen nach Indien ausgelagert.

Mit jährlichen Wachstumsraten von bis zu 15 Prozent ist die Tourismusbranche zu einem der wichtigsten Devisenbringer Indiens geworden. Ein großer Teil der Besucher ist indischer Herkunft und lebt vor allem in den USA und Großbritannien. Zu den beliebtesten Zielen gehört Agra mit dem Taj Mahal, Rajasthan und Goa. Mit einem großen Angebot ayurvedischer Kuren und einer reizvollen Landschaft gewinnt Kerala zunehmend an Beliebtheit. Durch eine Verbesserung des Transportwesens und einer Anpassung der Hotelindustrie an internationale Standards ist anzunehmen, dass gerade im touristischen Bereich weiterhin hohe Zuwachsraten verzeichnet werden.

Im gigantischen informellen Sektor, dem Dienstleistungen von Schuhputzern, Dienstmädchen und Straßenhändler zugerechnet werden, arbeitet etwa ein Viertel der Bevölkerung. Sie haben, wie die meisten Erwerbstätigen, keinen Anspruch auf soziale Leistungen und keinerlei Absicherung gegen Arbeitsunfälle und Krankheiten.

Goa - Vom Backpacker zum Rollkoffertouristen

Mitte der 60er Jahre entdeckten Hippies und Aussteiger aus dem Westen die weißen Sandstrände Goas. Jenseits der Zwänge ihrer Heimatländer ließen die Blumenkinder ihre Hüllen fallen und hingen kiffend und feiernd an den Traumstränden Goas ab. Die einheimischen Goaner waren irritiert und das freizügige Verhalten der Hippies verletzte ihre Vorstellungen von Sitte und Moral zutiefst. Die Hippies kümmerte das nicht, schließlich ging es hier um Selbstverwirklichung, um spirituelle Erleuchtung und darum, die bürgerlichen Grenzen und Einschränkungen zu sprengen. Damals richteten sich die Küstendörfer auf die fremdartigen Neulinge ein, vermieteten Gästezimmer und betrieben einfache Strandlokale für die berucksackten Individualtouristen. Seit jenen Tagen der freien Hippieliebe hat sich in Goa viel verändert. Die landschaftliche Schönheit der Region hat sich herumgesprochen und heute pilgern über eine Million Touristen jedes Jahr zu den Palmenstränden.

Diese Entwicklung hin zum Pauschaltourismus begann bereits 1987, als die ersten Charterreisen nach Goa angeboten wurden. Im selben Jahr erklärte die Provinzregierung, sie wolle den Anteil der finanzkräftigen Touristen stärken und deshalb entsprechend luxuriöse Einrichtungen fördern. Anschließend wurde etwa die Hälfte der Küste zur touristischen Erschließung freigegeben und ausländische Investoren profitierten von Steuerfreiheit, subventioniertem Bauland und günstigen Krediten. Ende der 80er Jahre formierten sich die ersten Bürgerinitiativen, die massiv gegen den Massentourismus protestierten und Touristen mit Flugblättern über die Auswirkungen des Pauschaltourismus informierten. Er beteilige die Menschen vor Ort nicht an den Gewinnen, im Gegenteil, er mache sie ärmer, da weniger Wasser, Land und Elektrizität für die Einheimischen vorhanden seinen und außerdem ausländische Hotelketten die Gewinne einstreichen würden. Zudem würden traditionelle Berufsgruppen wie Fischer, Bauern und Palmweinzapfer arbeitslos, da sie den Zugang zu den privatisierten Stränden und Palmhainen verlören. Steigende Lebenshaltungskosten und Drogenmissbrauch sowie zunehmende Prostitution und Aids wurden befürchtet.

Heute hat sich die kritische Beurteilung des Tourismus auf breite Teile der einheimischen Bevölkerung ausgeweitet, denn die Befürchtungen von damals haben sich größtenteils bewahrheitet. Vor allem die goanische Regierung mit ihrer undemokratischen Vorgehensweise der Tourismusförderung wird von der Bevölkerung kritisiert, die ausländische Investoren ungeachtet derer Verstöße gegen das Umwelt- und Baugesetz gewähren lässt. In einer Region, in der etwa 35 Prozent der Bevölkerung unter der Armutsgrenze leben, scheint der von Regierungsstellen subventionierte Luxus für Touristen geradezu zynisch. Die saisonalen Jobs im Tourismus bieten außerdem keine solide und verlässliche Lebensgrundlage.

Für Aufsehen sorgte eine Forderung der goanischen Hoteliers, sämtliche Strandhütten mit ihren gastronomischen Angeboten zu verbieten. Gerade aber arbeitslose Jugendliche und aus ihren traditionellen Tätigkeiten verdrängte Fischer und Bauern versuchen, mit diesen selbsttätig geführten Kleinstbetrieben ebenfalls ein wenig vom Tourismus zu profitieren. Die Forderungen der Hoteliers konnten allerdings von der Regierung nicht umgesetzt werden, da sich diese einem erbitterten Widerstand der einheimischen Kleinunternehmer ausgesetzt sah. Heute regelt eine Art Lotteriesystem die Vergabe der Lizenzen, ein Glücksspiel, das den Lebensunterhalt und die Existenz der kleinen Familienbetriebe Jahr für Jahr aufs Neue bedroht. Die Lizenzen für die kleinen Beach Restaurants und simplen Hüttenunterkünfte werden jedes Jahr neu vergeben und ein Betrieb ohne Lizenz läuft Gefahr, geschlossen zu werden. Nicht wenige Betreiber haben sich wegen dieser Unsicherheit aus dem Tourismusgeschäft zurückgezogen, für die Kritiker ist das System der Lizenzvergabe ein Indiz, dass die Tourismusbehörde die Lobby des Pauschaltourismus vertritt, die den gesamten Kuchen der Tourismuseinnahmen für sich beansprucht und ihre Einnahmen aus dem Speise- und Getränkebereich gefährdet sieht.

Ein schwerwiegendes Problem, das mit zunehmendem Tourismus gravierender wird, ist der Wassermangel. Das Wasser wird zu den großen Hotelanlagen geleitet, während es den Bauern an Wasser für Pflanzen und Vieh mangelt. Außerdem steigen die Landpreise, was viele Pächter zur Aufgabe zwingt. Ein relativ neues und erschreckendes Phänomen ist der zunehmende Kindersextourismus.

Was mit einigen Palmhütten am Strand und freakigen, sinnsuchenden Westlern in den 60er Jahren begann, hat durch die Entwicklung als Massentourismusziel mittlerweile nachhaltig negative Veränderungen bewirkt. Ob die eher betuchten Touristen im

Süden Goas auf ihren Sonnenliegen Cocktails schlürfen oder im Norden des Bundesstaates hippieeske Freaks an ihren Joints saugen, die Veränderungen und Probleme, die der Tourismus für die Einheimischen bewirkt hat, sind kaum einem Reisenden bewusst.

›Never trust a f*ing hippie‹ oder ›Freakhausen ist in Goa‹

Nein, ich habe nichts gegen Hippies. Tief im Innern bin ich irgendwie selber einer. Doch die Selbstgerechtigkeit der ›lovepeacehappiness‹ Anhänger geht manchmal gehörig auf den Geist.

Da ist zum Beispiel Chris, ein deutscher Mitdreißiger, seines Zeichens Rastaspießerhippie mit Nickelbrille und buntem Tuch um die Hüften. Seit einigen Monaten in Goa unterwegs. Deutschland ist natürlich »total scheiße«. Meine Erwiderungen darauf finden kein Gehör.

Als es zwischen Kearon, einem irischen Jungpunk, und Simon, einem englischen Althippie, zu einem Handgemenge kommt, durchaus nachvollziehbar, spielt sich Chris auf. »Hey, no violence, stop it«, schmettert er dem Punk entgegen - es folgt ein langer Vortrag von Chris zu Gewaltfreiheit und Aggression. Ok, Kearon hat überreagiert, doch nicht ganz zu unrecht. Simon, ein abgemagerter Iggy Pop Verschnitt, lebt zu lange in Indien und ist, wie viele der Althippies, nicht mehr ganz zurechnungsfähig. Auf ´nem Trip hängen geblieben, wechselt er blitzschnell sein Wesen, wird vom Lamm zum Wolf. Und als Wolf hat er eben die indischen Gastgeber beleidigt. Doch Chris, das selbstdefinierte Unschuldslamm, ist sich seiner Ansichten zu moralisch-richtigem Handeln ganz sicher.

Am nächsten Tag erfahre ich, dass Chris eine 17-jährige Italienerin geschwängert hat. Sie reiste heulend ab, er nahm es achselzuckend zur Kenntnis und hatte bereits das nächste Hippiemädchen im Arm.

Anna, ein holländisches Mädchen, kommt gerade aus Rishikesh nach

Goa, auf dem Rücken eine Gitarre, Blumen im Haar. Ziemlich durch den Wind, »ey, sister, i love you, you want a joint?« Ok, sister, aber du musst runterkommen von deinem Trip.

Indien ist für viele junge Erstbesucher ein einschneidendes Erlebnis, frei, frei, frei, und alle sind so cool und die Spiritualität überall, you feel it? I feel it. Das bekommt nicht allen und täglich drehen Leute ab, wie zum Beispiel Tom, der sich seine Rastas abschneidet und auf dem Haarknäuel noch schnell einen Palme pflanzt, bevor er auf Mission als Jesus aus seinem Baumhaus entschwindet, monatelang verschollen ist und irgendwann, irgendwie, unansprechbar nach Deutschland zurückkommt.

Anna jedoch fängt sich, zumindest kurzzeitig, indem sie zu den Baummenschen in den Dschungel geht. Seit 10 Jahren leben dort einige Freaks, ganz nah bei der Natur und den Göttern, und nach einer Nacht mit Trommelei im Dschungel kommt sie klaren Geistes zurück. »Sorry, I was a bit freaky, but now I am ok.« Anna, liebes durchgedrehtes Hippiemädchen, I hope you are ok.

Trommelei bei den Dschungelfreaks, schön und gut, Trommelkurse am Strand hingegen sind schwer erträglich. Lungiberockte, gestandene Männer, vermutlich IT-Spezialisten, üben sich hier im zweiwöchigen Hippiedasein und trommeln allabendlich was das Zeug hält. Kaum auszuhalten. In zwei Wochen lernt man als unmusikalischer EDV-Lehrer einfach kein rhythmisches Trommelspiel. Einzelstunden gibt es nur für die junge Russin im knappen Bikini. Bikinis, das trägt man hier. Das ist in ganz Indien bekannt und deshalb kommen am Wochenende Busscharen von indischen Touristen, um mal ein Auge und manchmal mehr auf die Mädels beim Sonnenbad zu werfen.

Als ich vor 14 Jahren das erste Mal in Goa war, mehr oder minder züchtig mit einem Badeanzug bekleidet, konnte ich es nicht fassen, als sich ein Inder, im Wasser stehend und den Blick auf mich geheftet, der Selbstbefriedigung erfreute. Giftige Blicke meinerseits, starren, anschreien, das alles hielt ihn nicht ab, das zu tun, was er zu tun gedachte. Und in dem Moment wurde mir etwas klar - auch das macht Indien manchmal so anstrengend, eigene kulturelle Muster haben hier oftmals keine Bedeutung. Ich starre den Onanierenden an, ich schreie ihn an, da muss er doch reagieren. Nix da, da wird die Rechnung ohne den Wirt gemacht. Das ist anstrengend, das bringt einen an die Grenzen. Und diese Grenzüberschreitungen sind manchmal schwer zu ertragen.

Man hört erschreckend oft, Indien ist so toll, wenn die Inder nur nicht so nervig wären. So lassen sich viele in Goa wochenlang nieder, eben weil es hier nicht mehr indisch ist und man hier die psychischen Anstrengungen nicht bewältigen muss, die der Besuch einer anderen Kultur mit sich bringt. In Goa feiert und zelebriert sich der westliche Individualist und vermeidet die Konfrontation mit der indischen Kultur. Und die Touristenenklaven Goas sind westlich, die Inder der hiesigen Strandregion den Blick auf Bikinis und Joints gewöhnt, hier gibt es Porridge und Baked Beans genauso wie Spaghetti und Russian Salad. Jede Nation bekommt vorgesetzt, was ihr vertraut ist, man muss sich nicht an die indische Kultur anpassen.

Auch einkaufen kann man fast wie zuhause. Zweimal die Woche findet nun der große Anjuna Flohmarkt statt, da wird geshoppt bis der Arzt kommt.

Und trotzdem ist Goa auch für mich etwas Besonderes. Weil sich hier viele verschiedene Individualisten treffen, weil man mit dem bürgerlichen Trommler genau wie mit dem freakigen Aussteiger, mit jungen Sinnsuchern wie mit Althippies zusammentrifft, sich austauscht, sich neu überdenkt. Zweifelhaft ist einiges, doch die Atmosphäre in Hippiehausen hat durchaus etwas vom lovepeacehappiness-Gedanken. Die große Spielwiese lässt viel Raum. Für viele Erfahrungen.

IT

Indien ist die Wirtschaftsmacht der Zukunft - so beurteilen Ökonomen die Entwicklung Indiens mit seinem phänomenalen Aufstieg der Computerindustrie. Mit überdurchschnittlichen jährlichen Wachstumsraten verzeichnet die Software-Industrie Milliardengewinne. Millionenstädte wie Bangalore und Hyderabad gelten als Technologieschmieden des neuen Indiens, in denen zahlreiche Absolventen des Informationstechnologie-Studiums eine Anstellung finden. Die meisten Computerprofis lockt das Ausland, vornehmlich die USA, etwa 80 Prozent der Absolventen der Elite Unis werden von amerikanischen Unternehmen beschäftigt.

Der IT-Boom ist ungebrochen und prognostizierte Steigerungsraten von 50 Prozent pro Jahr könnten die Softwareindustrie zu dem indischen Wirtschaftswachstumsgaranten der Zukunft werden lassen. Ein wesentlicher Faktor sind die jungen, gut ausgebildeten Software-Spezialisten, die den Arbeitsmarkt überschwemmen. Allerdings stellen IT-Firmen in Indien immer häufiger fest, dass trotz der Heerscharen an Bewerbern eine Stellenbesetzung schwierig ist und es trotz der vielen Absolventen an qualifiziertem Nachwuchs mangelt. Ohne zusätzliche Qualifikationen sind viele Absolventen für die Unternehmen vor allem wegen mangelnder Berufserfahrung unbrauchbar. Etwa eine halbe Million IT-Spezialisten fehlen der Branche. Die IT-Unternehmen jagen sich gegenseitig die besten Kräfte ab, was die Lohnforderungen in die Höhe treibt. Gehaltssteigerungen von 15 Prozent pro Jahr sind die Regel, was bewirkt, dass einige ausländische Unternehmen ihre Softwareentwicklungsabteilungen wieder nach Europa und in die USA zurück verlegen.

Durch die starke Familienorientierung und den hohen Stellenwert der Eltern haben diese neben der Auswahl des Ehepartners auch großen Einfluss auf die Wahl des Berufes. Während in den 50er und 60er Jahren noch eine Laufbahn der Söhne als Beamter oder Offizier favorisiert wurde, stand später der Arztberuf weit oben auf der Wunschliste der Eltern. Mit dem Aufstieg der IT-Industrie ist heute der bei indischen Eltern beliebteste Beruf der des Programmierers oder Ingenieurs. Vor allem wegen des hohen Lohnniveaus stehen die IT-Berufe an erster Stelle, denn das in der Branche übliche Anfangsgehalt von 500 € im Monat ist für indische Verhältnisse ein Spitzenverdienst.

Chinesischer Drache und indischer Elefant

China und Indien - immer häufiger wird ein Vergleich der beiden Giganten angestrengt, wenn es um die asiatische Supermacht der Zukunft geht. Vergleicht man beide Länder heute, scheint China das Rennen für sich entschieden zu haben. Rund das Zwölffache an ausländischen Investitionen fließt in die doppelt so große Volkswirtschaft China - doch Indien könnte den Rivalen bereits in 15 Jahren eingeholt haben.

In den 90er Jahren hatte China nach Maos Tod unter Deng Xiaoping eine effektive Infrastruktur aufgebaut und aufgrund dessen und extrem niedriger Löhne ausländische Investoren angezogen. In den folgenden Jahren legte die chinesische Wirtschaft eine rasante Entwicklung hin, Indien dagegen erklärte sich 1991 für zahlungsunfähig. Weitreichende Reformen wurden eingeleitet und Indien öffnete sich für den Außenhandel und ausländische Investoren. Seitdem kann Indien ein Wirtschaftswachstum zwischen 5 und 10 Prozent verbuchen. In beiden Staaten sind seit den 90ern Millionen neue Jobs entstanden.

Die beiden Giganten haben einige Gemeinsamkeiten. In beiden bevölkerungsreichen Ländern hat sich bereits eine für westliche Unternehmen attraktive Konsumentenschicht gebildet. Gemeinsam ist beiden allerdings auch, dass es nicht genügend Arbeitsplätze gibt und die Regierungen einen auf Export ausgerichteten Wirtschaftskurs verfolgen. Dabei sind beide Länder in hohem Maße von ausländischen Investitionen, aber auch zunehmend von externer Rohstoff- und Energiezulieferung abhängig.

Neben diesen Gemeinsamkeiten unterscheiden sich die Länder aber auch erheblich voneinander. Chinas Stärke ist vor allem die verarbeitende Industrie, chinesische Produkte wie Handys, Computer, Spielwaren und Haushaltsgeräte sind heute weltweit auf dem Markt und fast in jedem Supermarkt zu finden. Indien ist dagegen zum Weltmarktführer von IT-Dienstleistungen wie Softwareentwicklungen und Callcenter-Services avanciert und holt in Bereichen wie Biotechnologie und Pharmazie stark auf. Der Anteil der verarbeitenden Industrie am Bruttosozialprodukt ist weniger als halb so hoch als in China.

Im Wettkampf um die wirtschaftliche Vorherrschaft der Zukunft hat Indien den deutlichen Vorteil der günstigen Altersstruktur seiner Bevölkerung, die in den nächsten Jahrzehnten einen hohen Anteil an Menschen im erwerbsfähigen Alter garantiert. Chinas Verordnung der Ein-Kind-Politik seit den 80er Jahren wird den heute bevölkerungsreichsten Staat der Erde vergleichsweise ins demographische Abseits manövrieren.

Als Vorteil Indiens und als den Aufschwung fördernd stufen Wirtschaftsexperten die indische Demokratie ein. Beschlüsse der demokratischen Gesellschaft sind zwar aufgrund der Berücksichtigung der verschiedenen Akteure und Interessensgruppen schwieriger und langwieriger herbeizuführen als in der Einparteiendiktatur Chinas, doch nach Einschätzung von Experten könnte China bei einer politischen Öffnung in schwer kontrollierbare Turbulenzen geraten.

Trotz ethnischer und religiöser Pluralität und ungleicher Einkommensverteilung wird Indien aufgrund seiner gefestigten demokratischen Struktur als politisch und sozial stabiler und weniger risikoreich eingeschätzt. Zudem ist die zentralistisch gelenkte chinesische Wirtschaft anfälliger für Fehlinvestitionen, während das weitgehend marktwirtschaftliche Indien mit privaten Unternehmen als Träger des Aufschwungs mit Kapital umsichtiger umgehen muss. Außerdem müssen sich ausländische Investoren in Indien weit weniger um Produkt- und Ideenklau sorgen als in China, das für Produkt- und Technologiepiraterie bekannt ist.

Weitere Vorteile Indiens sind Überbleibsel der britischen Kolonialherrschaft: Zum einen das Rechtssystem, das auf dem britischen System fußt, zum anderen die englische Geschäftssprache. Behindert wird das Wirtschaftswachstum Indiens nach einer Studie der Weltbank vor allem durch die mangelhafte Infrastruktur mit zahlreichen Stromausfällen, weit verbreitete Korruption und langsame Mühlen der auflagenbehafteten staatlichen Bürokratie. Starke Gewerkschaften und ein weitreichender Kündigungsschutz werden von Experten als negative Faktoren für ausländische Investitionen eingeschätzt. Die kommunistischen Parteien Indiens, auf deren Tolerierung die Minderheitsregierung unter Manmohan Singh angewiesen ist, sehen durch eine Öffnung für ausländische Handelskonzerne die Existenz kleiner Einzelhändler bedroht und stehen einer Privatisierung von Staatsfirmen skeptisch gegenüber.

Die Terrorserie in Mumbai im November 2008, die sich zum ersten Mal gezielt gegen Ausländer richtete, ist neben der menschlichen Tragödie auch ein Schlag gegen die indische Wirtschaftspolitik mit ihrem Fokus auf ausländische Investoren. In China hingegen könnte ein breit getragener Volksaufstand das gesamte System erschüttern und kollabieren lassen.

Welcher der beiden Giganten zukünftig wirtschaftlich die Nase vorn hat, ist umstritten und Studien der größten Banken kommen zu unterschiedlichen Prognosen. Zu viele Faktoren sind unkalkulierbar, um eine verlässliche Aussage treffen zu können. Sicher ist nur, dass beide Staaten die globale Wirtschaftsordnung in den nächsten Jahrzehnten immens verändern werden.

Ökologie

Als erster Staat weltweit verankerte Indien 1976 den Umweltschutz in seiner Verfassung und richtete 1985, ein Jahr vor der BRD, ein Umweltministerium ein. Was auf dem Papier vielversprechend aussieht, ist im Alltag kaum sichtbar und die Umweltprobleme Indiens sind verheerend. Die Luft in den Großstädten ist zum Schneiden dick, Müll liegt zuhauf herum und Flüsse stehen kurz vor dem Kollaps. Dass Indien den Schwerpunkt von Entwicklungsinteressen vor Umweltbelange setzt, ist bei 300 Millionen Menschen, die unter der Armutsgrenze leben, nicht verwunderlich. So wird der Umweltschutz nicht schwerpunktmäßig umgesetzt, auch wenn es ambitionierte Umweltprojekte gibt. In Neu Delhi beispielsweise wurden 2002 mehr als 100.000 Fahrzeuge des öffentlichen Nahverkehrs auf Erdgas umgestellt.

Seit einigen Jahren fördert Indien zwar massiv erneuerbare Energien, doch trotz positiver Ansätze scheinen die Probleme überwältigend. Durch das rasante Wirtschaftswachstum und die Zunahme der konsumfreudigen Mittelschicht steigen der Energieverbrauch und die Treibhausemissionen konstant an. Dabei erzeugt Indien pro Kopf bislang nur einen Bruchteil der Treibhausgase eines US Bürgers. Global gesehen ist Indien bereits auf dem fünften Platz der größten Emissionsverursacher, bis 2015 wird es

mit seinem starken Wirtschaftswachstum den dritten Platz der weltweit größten Schadstoffverursacher einnehmen.

Der zunehmende Energieverbrauch stellt Indien vor weitreichende Herausforderungen, die der Staat neben Erdölpipelines durch die Förderung von regenerativen Energien meistern will. 20 bis 25 Prozent der Energie sollen bis 2020 aus regenerativen Quellen stammen und bereits heute hat Indien die viertgrößte Windenergie-Industrie der Welt. Dies klingt hoffnungsvoll, doch ob Indien seinen wirtschaftlichen Aufstieg umweltverträglich umsetzen kann, wird nicht zuletzt vom Umweltinteresse und dem Druck der Bevölkerung auf die Regierung abhängen.

Global gesehen gibt es zwei grundsätzliche Optionen. Entweder verschärft sich die Ressourcenknappheit und dadurch die Konkurrenz um die fossilen Brennstoffe - oder es kommt zu einem vermehrten Einsatz regenerativer, umweltfreundlicher Energien. Die westliche Welt sollte nur bedingt umweltpolitische Erwartungen einfordern, ist es doch ihr Gesellschaftsmodell, an dem sich die neu entstehende indische Mittelschicht mit ihrer Konsumhaltung orientiert - zudem wird Umweltschutz in den Industrienationen selbst nur eingeschränkt umgesetzt.

Bauernselbstmorde

Indem sich Indien als aufstrebende Wirtschaftsmacht präsentiert und seine Industriekönige und Softwareschmieden feiert, wird der Blick weg von den Verlierern der Globalisierung gelenkt. Zwei Drittel aller Beschäftigten arbeiten in der Landwirtschaft und eine Agrarkrise hat viele von ihnen in unfassbares

Elend gestürzt. Um ihrer Not zu entkommen, suchen sie zu Tausenden den Tod. In den letzten 10 Jahren wählten offiziellen Angaben zufolge 112.000 verzweifelte Bauern den Freitod, die Dunkelziffer liegt weit höher, Sozialaktivisten schätzen, dass sich etwa eine Million Farmer das Leben nahmen.

Besonders in der Region Vidarbha im Bundesstaat Maharashtra hat das Bauernsterben extreme Ausmaße angenommen. ›Killing Fields‹, Todeszone, wird Indiens Baumwollregion Vidarbha bereits genannt, denn hier ist die Selbstmordrate Indiens am höchsten. Sie schlucken Pestizide, Rattengift und Haarfärbemittel oder erhängen sich, weil sie ihre Familien nicht mehr ernähren können und ihre Situation mehr als hoffnungslos ist.

Verschärft hat sich die Situation der Bauern Anfang der 90er Jahre durch die Liberalisierung Indiens. Auf Druck der Welthandelsorganisation WTO hat die Zentralregierung in Neu Delhi die Importzölle und die Subventionen gesenkt. Nun müssen die Bauern mit den hoch subventionierten Produkten der Anbieter aus Europa und den USA konkurrieren, die dadurch dort kostengünstiger produzieren und die Produkte billiger verkaufen können. Während Indien seine 600 Millionen Bauern mit einer Milliarde Dollar im Jahr subventioniert, zahlen die Industriestaaten rund 350 Milliarden Dollar an ihre eigenen Landwirte. Das Resultat der ungleichen Subventionierung ist ein massiver Preisverfall. Beispielsweise lag der Weltmarktpreis für ein Kilo Baumwolle vor 10 Jahren bei zwei Euro, heute ist er auf unter 40 Cent gesunken, obwohl sich der Preis für Stoffe verdoppelt hat. Gewinner sind die Zwischenhändler, die vom Preisverfall profitieren.

Bereits eine Missernte kann eine Familie in den Ruin stürzen, denn ohne Einnahmen können sie sich kein Saatgut leisten. Da Banken bei der Kreditvergabe sehr vorsichtig sind, gerät der Bauer in die Schuldenfalle privater Geldverleiher, die zugleich oft Großgrundbesitzer und Händler sind. Wucherzinsen zwischen 75 und 150 Prozent sind kaum zurückzuzahlen und zwingen die Bauern, ihre Ernte den Schuldnern zum Dumpingpreis abzugeben. Kommt dann noch eine Missernte hinzu, ist der Landwirt endgültig ruiniert. Er ist zum Landverkauf gezwungen und muss sich dann für etwa 15 Cent Tageslohn als Landarbeiter verdingen. Viel zu wenig, um die Schulden jemals zurückzahlen zu können und eine mehrköpfige Familie zu ernähren. Letzter Ausweg aus dieser aussichtslosen Lage ist für viele der Tod.

Von der indischen Regierung wird die ›Grüne Revolution« als großer Erfolg verbucht, dabei sind ihre Spätfolgen maßgeblich mitverantwortlich für diese Misere. Durch neue Hochertragssorten und den Einsatz von Pestiziden und Düngemittel wurden in den 60er Jahren die Erträge zunächst um ein Vielfaches gesteigert. In den 90er Jahren waren die negativen Folgen allerdings nicht mehr zu übersehen - zu viel Düngemittel und Pestizide haben die Böden vielerorts ausgelaugt, Schädlinge wurden resistent und die Erträge sanken massiv. Dies nutzte die Gentechnik-Lobby und drängte aggressiv auf den Markt. Den Bauern wurde versprochen, dass die genveränderten Arten höhere Erträge bei geringerem Einsatz von Pestiziden brächten. Obwohl das Saatgut viel teurer als das herkömmliche war, ließen sich viele Bauern überzeugen. Mit weicht reichenden Folgen, denn die Versprechen der Saatindustrie erfüllten sich nicht. Hinzu kommt, dass das gentechnisch veränderte Saatgut steril ist und die Bauern nicht wie früher einen Teil der Ernte zur neuen Aussaat zurücklegen können, sondern neues teures Saatgut kaufen müssen. Hierfür benötigen sie weitere Kredite, verschulden sich hoffnungslos und sind im Teufelskreis gefangen.

In die Schlagzeilen geriet das US Biotechnologie Unternehmen Monsanto, das heute 90 Prozent der weltweit angebauten genmanipulierten Pflanzen stellt. Indien gehört zu den zehn größten Saatgutmärkten der Welt und ist für den Konzern ein enorm wichtiger Absatzmarkt. Genetisch veränderte BT-Baumwolle von Monsanto kann Kritikern zufolge nicht halten, was PR-Kampagnen des Unternehmens versprechen. Entgegen der traditionellen Sorten muss die genmanipulierte Baumwolle aufwändig bewässert werden, benötigt mehr Dünger und ist zudem anfälliger für bestimmte Schädlinge. Im traditionellen Baumwollanbaugebiet Vidarbha ist die Selbstmordrate landesweit am höchsten und Monsanto Kritiker sehen einen Zusammenhang zwischen der Einführung von BT-Baumwolle und den Bauernselbstmorden in dieser Region.

Anfang der 90er Jahren hatte Monsanto bereits von sich Reden gemacht - das Unternehmen beantragte ein Patent auf den indischen Neembaum, der traditionell zur Heilmittelgewinnung verwendet wird. In einem weiteren Akt wollte sich das Unternehmen das Patent für Basmati-Reis sichern. Beide Vorhaben scheiterten an massiven Protesten der indischen Bevölkerung.

Im Frühjahr 2008 wurde die indische Regierung endlich aktiv und erließ Kleinbauern die bis dato angesammelten Schulden. Dieser Erlass galt allerdings nicht für diejenigen, die Kredite bei privaten Verleihern mit Wucherzinsen aufgenommen haben. Eine nachhaltige Verbesserung der Lage und ein Ende des Bauernsterben ist aus diesem Grund noch lange nicht in Sicht.

Interkultur

Interkulturelle Kommunikation

Im Zuge der radikalen Wirtschaftsreformen 1991 öffnete sich das sozialistisch geprägte Land für den Außenhandel und Investoren aus dem Ausland. In den meisten Wirtschaftsbereichen sind heute Direktbeteiligungen zugelassen, auch die Obergrenze für ausländische Beteiligungen wurde stark nach oben korrigiert. Dadurch hat sich Indien zu einem attraktiven Wirtschaftspartner entwickelt und ist auch für viele deutschsprachige Unternehmen zu einem der interessantesten Investitionsmärkte im asiatischen Raum geworden.

Über 1.600 deutsche Unternehmen haben in Indien bereits Niederlassungen gegründet, vor allem die niedrigen Lohnkosten und die große Anzahl an englischsprachigen Fach- und Führungskräften machen das Land für Unternehmen wie Siemens und VW zum beliebten Standortziel. Im Rahmen dieser Entwicklung werden zunehmend deutsche Arbeitnehmer nach Indien geschickt, um die Interessen ihres Unternehmens zu vertreten. Doch fachliche Kompetenz allein ist kein Garant für eine erfolgreiche Zusammenarbeit, ein wesentlicher Schlüssel für den geschäftlichen Erfolg auf dem indischen Markt ist die Kenntnis der kulturellen Unterschiede.

Dabei muss erkannt werden, dass sich die Kultur eines Landes auch unmittelbar auf das Denken, Fühlen und Handeln der Menschen einer Gesellschaft auswirkt. Kultur bietet einen Orientierungsrahmen, dem kollektive Schemata in der Wahrnehmung, im Denken und Verhalten zugrunde liegen. Diese kulturellen Normen erleichtern das Leben in einer komplexen Umwelt, von ihnen hängt ab, was als richtig oder falsch, als höflich oder unhöflich empfunden wird. Da jede Gesellschaft ganz spezifische Maßstäbe entwickelt hat, kann durch die interkulturelle Begegnung schnell ein Teufelskreis aus Missverständnissen entstehen. Ein als Kulturschock bezeichnetes Phänomen tritt dann auf, wenn interkulturelle Begegnungen so konflikthaft verlaufen, dass sie als extrem belastend und zutiefst verunsichernd empfunden werden.

Die Voraussetzung für eine erfolgreiche Zusammenarbeit liegt in einem tiefen Verständnis der Kultur. Nur dadurch können Situationen aus der Perspektive der fremden Kultur betrachtet werden, kann das befremdend wirkende Verhalten durch die Berücksichtigung der Denk- und Verhaltensmuster richtig interpretiert werden.

Just a little bit - Untertreibungen in Indien

Martin Lehmann-Waldau

»It is not far. Maximum half hour.« So sagt der Bauer, den man unterhalb des zu erklimmenden Passes trifft.

»Just wait one minute«, sagt der Eisenbahnbeamte am Schalter und sortiert weiter seine Zettel.

»Bus is leaving now«, hört man an der Haltestelle.

Nichts davon ist wahr, und doch haben alle irgendwie recht. Nach einer Weile im Land der Langsamkeit wird das Zeitgefühl dehnbar und unbestimmte Angaben zur Norm. Vielleicht dauert es eine Minute, vielleicht zehn. Das ist tatsächlich schwer zu sagen, denn die Realität ist unwägbar und der Irrsinn einer auf die Minute pünktlichen Eisenbahn drängt sich ins Bewusstsein.

Und die sprachlichen Euphemismen setzen sich fort: »It's a little bit spicy / hot / cramped / difficult.« Untertreibungen allesamt, denn im Land der Extreme gibt es so etwas wie »a little bit« gar nicht im realen Leben. Es ist eben scharf, heiß, voll und schwierig. Und wenn es regnet, dann aus Kübeln, weswegen das schöne Wort ›tröpfeln‹ hier nicht gebraucht wird.

Wenn es um Zahlen geht, dann verirrt sich der Informant allerdings leicht in astronomischen Höhen. Da werden 2.000 Affen im Wald gesehen, 500 Götter zum Fest eingeladen, 5 Lakh Rupien für ein Auto bezahlt. Ob das alles so stimmt?

Schön jedenfalls, wer noch lustvoll lockend untertreiben kann und Überraschungen bereithält. Die Fantasie darf fliegen, denn die Unsicherheit erhöht die Lebensspannung. Wer will schon so genau wissen, ob der Bus um 9:43 oder 10:11 Uhr in Bad Münstereifel oder Omkareshwar ankommt. Dann schon lieber »maybe we will arrive soon.«

Konfliktpotentiale

Indien ist eine stark hierarchische Gesellschaft, was sich ganz deutlich im Alltags- und im Arbeitsleben zeigt. Ob Familienoberhaupt oder Vorgesetzter, die hierarchische Ordnung wird strikt gewahrt und unter keinen Umständen untergraben. Der Chef wird als Autorität respektiert und seinen Anweisungen widerspruchslos Folge geleistet. Undenkbar, dass ein Inder seinen Vorgesetzten öffentlich kritisiert oder einen Verbesserungsvorschlag anregt. Ein zu jovialer Umgang mit hierarchisch untergebenen Mitarbeitern stößt auf Unverständnis. Selbst die Kommunikationswege verlaufen hierarchisch. Der Chef informiert, wird aber ungefragt eher keine Informationen erhalten. In Deutschland hingegen gilt es als Pflicht des Mitarbeiters, ungefragt wichtige Informationen an den Vorgesetzten weiterzuleiten.

An jede Position sind Erwartungen geknüpft, die sich im Verhalten der Einzelnen wiederspiegeln. Jedes Abweichen von der zugeschriebenen Rolle und Position wird gesellschaftlich geächtet. Im Arbeitsleben zeigt sich dies im positiven Sinne durch eine klare Verteilung von Verantwortlichkeiten und Positionen im hierarchischen Gefüge. Allerdings machen die starre Einhaltung der Rollen strukturelle Veränderungen, wie Prozesse zur Optimierung von Arbeitsabläufen, sehr schwer.

Betrachtet man den Hinduismus, wird schnell deutlich, welchen Hintergrund diese Strukturen haben. Der Einzelne wird nach hinduistischer Vorstellung in eine bestimmte gesellschaftliche Position hineingeboren und muss die damit verbundenen Rechte und Beschränkungen strikt einhalten. Nur dann hat er die Chance, irgendwann den Kreislauf der Wiedergeburten zu durchbrechen und Erlösung zu finden. Da jedes Leben aus den Taten des vorherigen Lebens resultiert, ist die hierarchische Gesellschaftsstruktur religiös manifestiert und deshalb fundamental akzeptiert.

Ein wesentlicher Unterschied liegt im Umgang mit Zeit. Während in Deutschland Aufgaben eher nacheinander erledigt werden, arbeiten Inder meist parallel an verschiedenen Aufgaben. Dabei werden Unterbrechungen nicht als störend empfunden und die daraus resultierende hohe Stresstoleranz und Flexibilität zeichnen das Arbeitsleben aus. Der Nachteil zeigt sich in hektischen Phasen - da so viele Angelegenheiten und Aufgaben berücksichtigt werden müssen, kann es passieren, dass wichtige Aufgaben liegen bleiben oder sogar gänzlich in Vergessenheit geraten.

Während in Deutschland viel Wert auf Pünktlichkeit gelegt wird, geht man in Indien lockerer mit terminlichen Verabredungen um und sieht zeitliche Absprachen als weit weniger verbindlich an.

Im Hinduismus selbst liegt die Erklärung des speziellen indischen Verhältnisses zur Zeit. Zeit wird im Gegensatz zur linearen deutschen Vorstellung als zyklisch wahrgenommen. Die Menschen befinden sich in einem Kreislauf von Leben und Tod, in dem es kein Ende gibt, da jeder Zerstörung ein Neuanfang innewohnt. Während in Deutschland Zeit als kostbares Gut wahrgenommen wird, ticken die indischen Uhren anders. Zeit wird in Indien als wiederkehrend angesehen und gilt als Symbol für die endlose Wiederholung von allem. Der besondere Umgang mit Zeit spiegelt sich z.B. deutlich in dem Hindiwort ›kal‹ wieder, das gestern, morgen oder auch in 10.000 Jahren bedeuten kann.

Interview mit Petra Mehl-Lammens

Andrea Glaubacker

Die Unternehmensberaterin Petra Mehl-Lammens bereitet in interkulturellen Trainings und Coachingseminaren Fach- und Führungskräfte auf einen Arbeitsaufenthalt in Indien vor. Unternehmen wie die MAN B&W und die Continental AG gehören zu ihren Kunden und vertrauen auf ihre langjährige Expertise. Seit 1995 führt sie ein eigenes Unternehmen für Projekt Consulting in Mumbai und Goa. Ihr Buch ›Geschäftserfolg Indien‹ ist im Orell Füssli Verlag erschienen.

AG *Als Expertin für interkulturelles Management bereiten sie Führungskräfte für ihren Arbeitsaufenthalt in Indien vor. Was lernen die Manager bei Ihnen?*

PML Sie lernen, wie sie mit einer anderen Kultur umgehen. Da sind Wissen und Hintergründe um das Land wichtig, aber natürlich auch ein Verhaltenstraining.

AG *Wie kann man sich bestmöglich auf den geschäftlichen Aufenthalt in Indien vorbereiten?*

PML Es ist sicherlich sinnvoll, ein interkulturelles Training zu absolvieren, was leider ganz viele Leute nicht machen. Viele schicken ihre Mitarbeiter nach Indien und haben sie überhaupt nicht vorbereitet, was dann natürlich zu brutalsten Kulturschocks und wahnsinnigen Irritationen führt. Letztendlich sind die Leute nicht in Indien, um die indische Kultur kennen zu lernen, sondern sie sollen Unternehmen aufbauen oder Projekte abwickeln. Dafür müssen sie vernünftig vorbereitet sein, um in diesem Land agieren und um ganz normal ihren Geschäften nachgehen zu können. Damit sie das Kulturelle nicht zu sehr belastet sozusagen. Dass sie vorbereitet sind und sich mit Fragen wie »Was kann da alles auf mich zu kommen? Wie kann ich mich in einen Inder hineinversetzen? Warum verhält man sich wohl dementsprechend?« beschäftigen und lernen, über bestimmte Situationen Hypothesen zu bilden.

AG *Und diese Kulturschocks, wie äußern sich diese?*

PML Das ist verschieden. Ganz unterschiedlich. Jeder reagiert da anders.

AG *Was ist der bekannteste kulturelle Unterschied die Arbeitswelt betreffend?*

PML Ich denke das bekannteste ist, dass die Zeiteinstellung der Inder eine völlig andere ist. Aber das passiert Ihnen schon, wenn sie in die arabischen Länder oder nach Griechenland gehen. Dass das Zeitgefühl ein anderes ist in Indien, ist selbstverständlich. Ich glaube, das ist noch das einfachste, mit dem man umgehen kann. Da ist Indien nicht besonders speziell.

AG *Was sind dann die speziellen Fälle? Worin liegen die Hürden und Konfliktpunkte?*

PML Die Art der Kommunikation ist sehr anders. Dann ist Indien eine Beziehungskultur, Deutschland ist eine Faktenkultur. Die Führungskräfte oder Mitarbeiter, die in Indien arbeiten, unterschätzen vielfach, wie wichtig es ist, eine Beziehung aufzubauen, bevor man an Geschäfte denkt. In Deutschland ist das ja so nicht üblich.

***AG** Wie sieht das mit Absprachen aus. Hier verlässt man sich auf das Wort. Werden Absprachen eingehalten?*

PML Das ist sehr unterschiedlich. Wenn sie eine gute Beziehung aufgebaut und denjenigen gründlich kennengelernt haben, dann werden auch Absprachen eingehalten. Das hat sehr viel mit der individuellen Persönlichkeit zu tun. Aber sie werden im Business auch sehr oft erleben, dass Absprachen eben nicht eingehalten werden. Daher macht man normalerweise auch alles schriftlich aus. Und zwar bis ins Detail.

***AG** Wie sieht das denn mit Verhandlungen aus? Wenn erst eine persönliche Ebene hergestellt werden muss, wird der Prozess bis zum Geschäftsabschluss sehr langwierig sein.*

PML Der Prozess ist ganz sicher länger als in Europa. Viel länger.

***AG** Wegen der persönlichen Beziehung, die erst aufgebaut werden muss?*

PML Einmal das, aber Zeit wird auch als Taktik benutzt. Man redet über Details und Kleinigkeiten und kommt nicht schnell auf den Punkt. Man springt von einer Sache zur nächsten Sache und wieder zurück und wieder hin und wieder her. Es ist eine ganz andere Art zu verhandeln als in Deutschland. Bei uns ist das eher linear, dort ist es eher zirkulär. Und das kostet sehr viel mehr Zeit.

***AG** Glauben Sie, dass diese zeitintensive Verhandlungsführung auch einen religiösen Hintergrund hat?*

PML Es hat vor allen Dingen auch etwas mit Verhandlungstaktik zu tun. Wenn der indische Geschäftspartner zum Beispiel weiß, dass wir in drei Tagen wieder abreisen, dann kann es gut sein, dass er zwei Tage lang über Details verhandelt und nicht auf den Punkt kommt, in der Hoffnung, je knapper die Zeit wird, umso eher das eine oder andere Zugeständnis von seinem Verhandlungspartner zu bekommen. Daher sollte man niemals sagen, wann man wieder fliegen muss, sondern einfach sagen, man hat einen offenen Flug oder es sei überhaupt kein Problem, den Flug zu verschieben - damit nimmt man schon eine ganze Menge Luft raus.

***AG** Ich könnte mir vorstellen, dass die hinduistische Religion mit ihrem Glauben an Wiedergeburt einer der Gründe ist, warum das Zeitempfinden ein anderes ist.*

PML Zeitempfinden ja, aber mit den Verhandlungen hat das nichts zu tun. Das ist eine Taktik, mit Zeit so umzugehen. Aber das Zeitverständnis kommt sicherlich auch aus der Wiedergeburt, man hat einfach mehr Zeit. Wir Westler haben halt einfach nur ein Leben.

AG *Die indische Gesellschaft ist sehr stark hierarchisch ausgeprägt. Wie zeigt sich das im Umgang mit Mitarbeitern?*

PML Man muss beispielsweise einen indischen Ingenieur anders führen, als einen deutschen. Wenn Sie einem deutschen Ingenieur einen Auftrag geben, der für zwei Wochen angesetzt ist, dann kommt er nach zwei Wochen wieder und hat die Sache erledigt. Wenn Sie das so in Indien machen, dann ist in zwei Wochen gar nichts passiert.

AG *Und wie geht man vor, damit der indische Ingenieur in zwei Wochen zum gleichen Ergebnis kommt?*

PML Man muss dranbleiben, d.h. man bleibt immer 100 % involviert. Man erkundigt sich jeden Tag, wo er steht, wie weit er ist, was er gemacht hat, weil er von sich aus niemals sagen wird, dass er etwas nicht verstanden hat oder etwas nicht kann. Von daher muss man abklopfen, ob er alles richtig verstanden hat, ob er auf dem richtigen Weg ist, ob er klar kommt, ob er Hilfe braucht. Und das jeden Tag. Wenn man das nicht macht, ist am Ende nichts passiert.

AG *Wie unterscheiden sich deutsche von indischen Unternehmen?*

PML Die Unternehmen sind ganz anders strukturiert und Prozesse funktionieren vollkommen unterschiedlich. Wenn Sie sich mittelständische indische Unternehmen ansehen, werden sie sehen, dass häufig auf der Topebene noch die kleinsten Kleinigkeiten entschieden werden. Das haben wir in dieser Art nicht mehr so extrem. Es gibt zwar auch hier mittelständische Unternehmen, die extrem hierarchisch strukturiert sind, wo der Eigentümer noch selbst entscheidet, welches Klopapier gekauft wird, aber das haben wir zum Großteil abgelegt. Und in Konzernen, wo Manager agieren, gibt es das sowieso nicht mehr. Da ist ganz klar festgelegt, wer für was kompetent ist und wer welche Entscheidungsbefugnis hat.

AG *Worin liegen die wesentlichen kulturellen Unterschiede, die im Geschäftsleben zu Tage treten?*

PML Unterschiedliche Verhandlungsführung, anderes Zeitverständnis, anderes Verständnis für Macht und Hierarchie.

AG *In Deutschland werden Berufs- und Familienleben strikt getrennt. Indien ist stark familienorientiert. Ist das dort anders?*

PML Es ist anders, ja. Das zeigt sich in unterschiedlichsten Dingen. Es gibt eine lebenslange Verpflichtung der Familie gegenüber, das heißt, man wird selbstverständlich versuchen, wenn einer keinen Job hat, ihn wenn möglich beim eigenen Arbeitgeber unterzubringen. Es kann ohne weiteres sein, dass die Frau kündigt, wenn die Familie nicht will, dass sie arbeitet. Die Familie kommt immer zuerst.

AG *Konflikte auszutragen oder zumindest Probleme offen anzusprechen gehört in Deutschland zur Unternehmenskultur vieler Firmen. Kann der deutsche Geschäftsmann davon ausgehen, dass Konflikte offen ausgetragen werden, dass Meinungsverschiedenheiten und andere Einschätzungen offen geäußert werden?*

PML Nein, natürlich nicht. Aber selbst das erleben sie schon außerhalb von Deutschland anders. Gehen Sie nach Österreich, nach Griechenland oder in die Türkei, schon da wird es anders gehandhabt. Unsere extrem direkte Kommunikation existiert ja gerade mal in Deutschland, Holland und in Nordamerika. Alle anderen sind doch mehr indirekt kommunizierend.

AG *Wenn Sie beide Kulturen im Arbeitsleben vergleichen - wo liegen die Vorzüge und wo die Nachteile des indischen Systems?*

PML Man kann man nicht wirklich von einem System reden, da es alleine in Indien unterschiedliche Kulturen gibt. Und zusätzlich sind die Unternehmen sehr unterschiedlich. Es gibt welche, die sehr professionell und effizient sind und auch auf dem Weltmarkt sehr erfolgreich agieren. Und dann gibt es Unternehmen, die völlig ineffizient sind und aus unserem Blickwinkel als chaotisch bezeichnet werden könnten. Das ist sehr unterschiedlich. Aber das System, wenn Sie das vergleichen wollen, wirkt auf uns vielfach ineffizient.

AG *Passen sich die global agierenden indischen Unternehmen an die westliche Unternehmenskultur an?*

PML Sie korrigieren das eine oder andere, um effizienter zu werden und auf dem Weltmarkt agieren zu können. Deswegen bleibt aber die Mentalität dieselbe und das ist auch gut so. Aber dann gibt es kleine Unternehmen, da sagt auch der eine oder andere Inder, dass die Firmen unzuverlässig und ineffizient arbeiten. Es ist für uns natürlich viel leichter, mit den Firmen zu arbeiten, die schon international tätig sind, als mit denen, die nur auf dem indischen Markt agieren. Und die international Agierenden sind auch für den Wirtschaftsboom zuständig. Zum Beispiel hat Doctor Reddy aus Hyderabad Betapharm in Augsburg gekauft. Oder die Tata Consulting Service, die Niederlassungen in München, Frankfurt, Hamburg und Brüssel betreibt. So gibt es viele indische Unternehmen, die auf dem Markt vollkommen präsent sind. Und das sind hochprofessionelle Unternehmen.

***AG** Welches sind denn die gängigsten Fettnäpfchen, in die Deutsche treten?*

PML Die Inder sind extrem tolerante Menschen, da können wir uns eine ganze Scheibe von abschneiden, bedingt natürlich auch deswegen, da sie so viele unterschiedliche Kulturen in einem Land vereinen und dadurch sehr gut mit Andersartigkeit umgehen können. Viel besser als wir das können. Wenn man sich halbwegs freundlich und nett verhält, dann gibt es keine großartigen Fettnäpfchen. Wer sich hier benehmen kann, kann sich auch in Indien benehmen. Aber wer sich hier nicht benehmen kann, dem kann passieren, dass dies zum großen Fettnapf wird. Beispielsweise ist es bei uns ja auch nicht angebracht, sich im Meeting sehr laut die Nase zu putzen. Das gilt in Deutschland als schlechtes Benehmen und in Indien nun eben als ganz schlechtes.

***AG** Nehmen wir an, man wird privat zum Essen eingeladen - was für einen Ablauf erwartet einen, gibt es signifikante Unterschiede?*

PML Wenn wir in Indien um sieben zum Essen einladen, dann kommen die meisten so um halb acht, auch Inder. Und einige, die uns nicht so gut kennen, vielleicht erst um neun. Das kommt darauf an, wie eng die Beziehung ist, wie gut man sich kennt. Und anders als bei uns, serviert man erst einmal einen Aperitif, und zwar das, was wir als Digestif servieren, zum Beispiel Whiskey, aber auch Bier und Wein - und dann isst man ein paar Snacks dazu und das eigentliche Essen wird erst so gegen halb elf serviert. Da trinkt man dann keinen Alkohol mehr und nach dem Essen gehen sofort alle nach Hause.

***AG** Und was bringt man am besten als Gastgeschenk mit?*

PML Irgendetwas, was deutlich sichtbar aus Deutschland kommt, den Bembel aus Hessen, den Teller aus dem Schwarzwald, eine Kuckucksuhr oder so etwas. Es kann also in unseren Augen ruhig ein wenig kitschig sein.

***AG** Eine Frage zum Geschlechterverhältnis - wenn eine deutsche Geschäftsfrau in Indien unterwegs ist, worauf sollte sie im Umgang mit den indischen Geschäftspartnern achten?*

PML Wenn sie sich dezent kleidet, also beispielsweise einen grauen Hosenanzug und eine geschlossene

Bluse, und sich dezent verhält, dann gibt es überhaupt keinen Unterschied. Das ist eine Mär.

AG *Haben Sie noch eine Rat für die deutschen Fachkräfte, die nach Indien geschickt werden?*

PML Dass sie sich anständig vorbereiten und interessiert und neugierig sind.

AG *Besten Dank für das Interview, Frau Mehl-Lammens.*

Im blauen Express durch Indien

Zwei Stunden und drei von Kakerlaken bedingte Platzwechsel meinerseits steht der blaue Express nun schon auf dem Bahnsteig und rührt sich einfach keinen Millimeter. Die drückende Hitze führt zu einem Zustand zwischen Traum und Wirklichkeit, in unregelmäßigen Abständen weht ein Geruch von Fäkalien vorbei, bis mich ein lautes »Goffi, Goffi« in die Realität des stehenden Zuges zurückbringt. Ein »Goffi«, überzuckerter Milchkaffee, wird die Lebensgeister wecken.

Geschäftiges Treiben setzt am Bahnsteig gegenüber ein. Ein Zug ist eingefahren, eilig drängen Reisende in und aus dem Zug während Gepäckträger mit karierten Hemden und Lungis, einer Art Lendenwickelrock, herbeirennen, um den Reisenden das schwere Gepäck abzunehmen. Turmhoch stapeln sich die Koffer auf den Köpfen, manch einer trägt das Vielfache seines eigenen Gewichts auf dünnen Beinen behände davon. Die Händlerriege preist schreiend und mantraartig »Goffi« (sehr süßen Milchkaffee), »Chai« (sehr süßen Milchtee), kleine gelbe Bananen, saftige Orangen und Pakoras, mit Gemüse gefülltes Fettgebackenes, an. Alles ist in Bewegung, die hitzeerstarrte Stille ist in kürzester Zeit einer alles umfassenden, lärmenden Hektik gewichen.

Der Zug setzt sich schnaufend in Bewegung, einer von 13.500 Zügen, die auf dem 60.000 km langen Schienennetz kreuz und quer durch den

Subkontinent fahren und täglich 20 Millionen Inder befördern. Für die Strecke vom Norden in den Süden des Landes benötigt man 2 Stunden mit dem Flugzeug, jedoch 3 Tage mit dem Zug. Die Langsamkeit des Reisens eröffnet andere Ausblicke - an der offenen Zugtüre sitzend, blicke ich auf ein Indien jenseits der Touristenziele. Auf dem Weg aus der Stadt fällt der Blick auf dunkle, von Plastikmüll gesäumte Slums, Kinder, die Schienenstrecken nach weg geworfenen Lebensmitteln absuchen. Auf der Suche nach einem Stück Chapati, einem Rest Banane.

Zwar hat sich in den letzten Jahren die Mittelschicht vergrößert und stabilisiert, doch die Masse partizipiert am Aufstieg Indiens zum Schwellenland nicht. Noch immer lebt über ein Drittel der Bevölkerung unter dem Existenzminimum und muss mit weniger als einem US Dollar am Tag auskommen, 47 Prozent der Kinder leiden an Unterernährung. Die sozialen Rahmenbedingungen unterscheiden sich in den Bundesstaaten maßgeblich. Im südlichen Kerala, das von der marxistischen Partei regiert wird, liegt die Alphabetisierungsrate bei 100%, ein Netz aus Bildungsinstitutionen und Krankenhäusern durchzieht den Bundesstaat und garantiert Bildung und medizinische Behandlung im Krankheitsfall. Andere Bundesstaaten, vor allem im Norden Indiens, haben mit prekären Verhältnissen zu kämpfen.

Der Zug taucht in die ländliche Idylle ein, kleine Dörfer, grüne Reisfelder und unzählige Palmen gleiten vorbei. Kakerlaken und ›Goffi‹ lassen mich mittlerweile kalt. Hitzebedingt. Wir rattern vorbei an Schranken, hinter denen geduldige Rikshafahrer und schwer beladene Ochsenkarren warten, an jauchzenden dunklen Kindern in blaugrünen Flüssen, Bananenplantagen, bunten Saris zum Trocknen auf Leinen gespannt, hart arbeitenden Bauern auf dem Feld.

Die Mitreisenden haben sich eingerichtet. Zwei muslimische Frauen in schwarzem Gewand haben ein Baumwolltuch an den Stangen des Abteils befestigt und wiegen ein Kleinkind in den Schlaf. Eine kleine Gruppe von Sikhs mit bunten Turbanen und gewaltigen Schnurrbärten unterhält sich

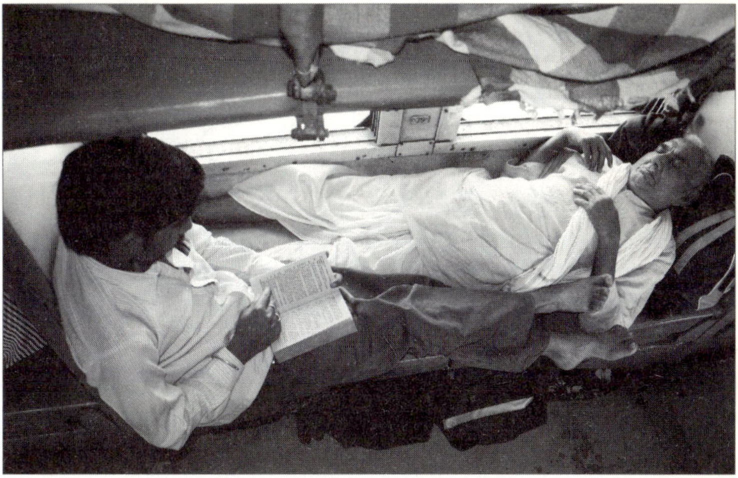

rege. Ein junger Vater liest seiner Tochter aus einem Comic vor, die Mutter im grünen Sari blickt lächelnd aus dem Fenster.

K. Biju, seines Zeichens Ticket Examiner, wie ihn das Schild auf seinem akkuraten dunkelblauen Sakko ausweist, schreckt mich auf. Sein stolzer Schnurbart zittert beim Reden, ich sitze nicht auf dem richtigen Platz. In endlosen Computerausdrucken findet er mein Ticket und gegen eine Reservierungsgebühr überträgt er fein säuberlich alle Details, ich bekomme natürlich ordnungsgemäß die Blaupause, das Original kommt zu den Unterlagen der indischen Bahn. In einem der dicken Wälzer wird es aufbewahrt werden, die an jedem Bahnhof im Büro des Bahnhofdirektors liegen, sich bis zur Decke stapeln und wohl alle Unterlagen horten, seit sich der erste Zug am 16. April 1853 in Bewegung setzte. Wenn nicht in vielen Bereichen der indischen Bürokratie der Computer Einzug gehalten hätte - Indien würde unter den Papierfluten seiner Bürokratie ersticken.

Der westliche Reisende wird kaum eine Zugfahrt ohne Befragungen seitens der Mitreisenden nach »name, country, religion, profession, children« hinter sich bringen - häufig beschränkt sich die Kommunikation auch aufgrund der Sprachbarriere darauf. Anders bei Mira. Die 29jährige Frau mit den leuchtenden großen Augen ist Programmiererin und wünscht sich ein Leben im regnerischen UK. Bei ihrem Besuch in Southampton war sie vom englischen Wetter entzückt. Als das Gespräch auf das Thema Heirat kommt, erzählt sie, dass Liebesheiraten in Indien zunehmen. Indien ändere sich, zumindest in den Städten, fügt sie hinzu. Doch der Familienbackground müsse zusammen passen, auch wenn die Kaste an Bedeutung verliere. Ihr neues Handy piept - eine SMS ihres Ehemannes, der in Kuwait arbeitet. Zahlreiche gut ausgebildete Inder, vor allem aus dem südlichen Kerala, arbeiten in den Golfstaaten, da sie in Indien keine qualifizierten Stellen finden. In Form von Rücküberweisungen landen jährlich mehrere hundert Millionen Dollar auf den Konten der Familienangehörigen in der Heimat.

Wir werden unterbrochen, das Abendessen wird serviert. In Alubehältern wird Reis mit Gemüsecurry aufgetischt. Das Essen ist einfach, doch schmackhaft. Gegessen wird mit der rechten Hand, mit links sollte man tunlichst keine Speisen berühren, da sie zu anderen Zwecken (WC) dient.

Es ist still geworden, nur der eine oder andere Ventilator surrt, untermalt vom kontinuierlichen Schienengeräusch, vor sich hin. Die Mitreisenden liegen auf ihren Pritschen, ihre Taschen hängen an Haken über ihnen und schwingen rhythmisch hin und her. Miras Jasminblüten im Haar sind welk geworden und auch wir beschließen zu schlafen. Es wird eine unruhige Nacht, im Nacken der Rucksack, die Pritsche zu schmal. Ich beneide die Inder, die überall schlafen können. Man sieht Taxifahrer auf dem Kofferraum ihres Autos schlummern, über den Schreibtischen, auf den Straßen und Gassen wird geträumt, Lautstärke und Tageszeit sind kein Hindernis. Ein alter Inder erzählte mir einmal, man habe früher direkt nach der Geburt auf Töpfe geschlagen, um das Neugeborene auf den Lärm Indiens einzustimmen und so auf den Schlaf unter allen widrigen Umständen vorzubereiten. So sinniere ich neidisch die halbe Nacht über den Schlaf der Inder, wünsche mir, man hätte auch bei meiner Geburt auf Töpfe eingeschlagen, bis der Schlaf endlich auch mich, gerädert wie ich bin, übermannt.

Ein »Goffi, Goffi« weckt mich. Ich putze mir gemeinsam mit einigen Männern die Zähne an der offenen Wagentür. Das goldene, weiche Licht durchflutet das Land, verzaubert und versöhnt mich mit der Welt und dem vehementen Spucken und Gurgeln der Männer. Allein für diese friedvollen Momente der gelben Stunde hat sich die Strapaze gelohnt. Einige Ewigkeiten und rätselhafte Stopps auf offener Strecke später kann ich nicht mehr sitzen. Den Rest der Reise muss ich dann liegend im blauen Express durch Indien. »One Goffi, please.«

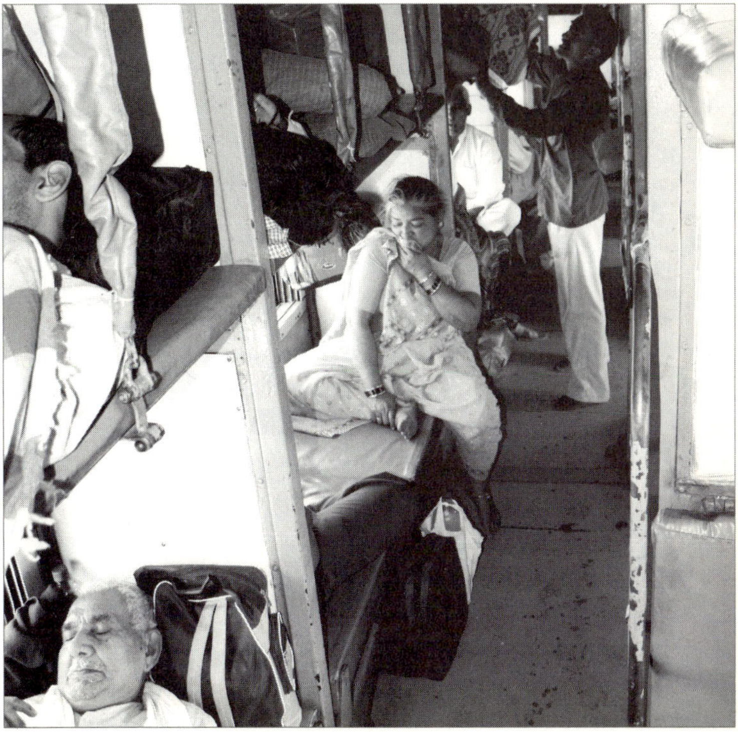

Wissenswertes

An- und Abreise

Für die Einreise nach Indien sind ein gültiger Reisepass und ein Visum nötig. Visaanträge erhält man in den indischen Botschaften, im Reisebüro oder online unter www.india-turism.de.

Kopien von den wichtigen Reisedokumenten mitzunehmen und diese von den Originalen getrennt aufzubewahren, ist empfehlenswert, da im Falle eines Verlusts die Verwaltungsvorgänge enorm vereinfacht werden.

In Indien gelten die internationalen Zollbestimmungen - man darf 200 Zigaretten oder 50 Zigarren und 0,95 l alkoholische Getränke einführen. Teure elektronische Artikel wie Laptops oder Videokameras müssen deklariert werden. Damit will die indische

Regierung verhindern, dass der Reisende diese Gegenstände in Indien verkauft.

Armut

Sofern man sich nicht ausschließlich in einem abgeschlossenen Hotelressort aufhält, wird jeder Indienreisende mit Bildern des Elends konfrontiert. Große Teile der Bevölkerung leben unter der Armutsgrenze, staatliche Unterstützung für alte oder kranke Menschen gibt es nicht. Dementsprechend hoch ist die Zahl derer, die auf Almosen angewiesen sind. Die Bettelei und der Umgang damit sind Themen, die den Indienreisenden zwangsläufig beschäftigen werden. Letztlich muss jeder selbst entscheiden, wie viel er wem geben will.

Allerdings sollte man wissen, dass die Bettelei an den großen Touristenzentren häufig organisiert ist und die Bettelnden einen Großteil ihrer Einnahmen abliefern müssen. Bettelnde Kinder, die zum Familienunterhalt beitragen und dadurch vom Schulbesuch ferngehalten werden, sind ein heikles Thema. Kranke, Behinderte und alte Menschen mit ein paar Rupien zu unterstützen, erscheint am sinnvollsten, da für diese Menschen das Betteln meist die einzige Möglichkeit ist, an etwas Geld zu kommen.

Ayurveda

Besonders im Süden des Landes, vornehmlich in Kerala als Wiege der ayurvedischen Gesundheitslehre, findet man zahlreiche Möglichkeiten, sich einer ayurvedischen Kur zu unterziehen. Entweder man begibt sich dafür in eines der Wellnessressorts oder in ein ayurvedisches Krankenhaus. Die richtige Ernährung und Ölmassagen sind neben der Einnahme von Arzneimitteln Behandlungsmethoden, mit denen der Körper wieder in Balance gebracht werden soll. Informationen über entsprechende Ressorts und Kliniken erhält man vom indischen Tourismusbüro unter www.india-turism.com

Bakschisch und Trinkgeld

Bakschisch ist mehr als das Trinkgeld in unserem Sinne. Durch eine wohlüberlegt eingesetzte Geldgabe können Verwaltungsvorgänge immens beschleunigt werden. Es öffnet verschlossene Türen und kann das Leben des Reisenden enorm vereinfachen.

Trinkgeld in Restaurants und Lokalen ist zwar obligatorisch, doch sollte man bedenken, dass der Ober von der häufig erhobenen Service Charge von 10 Prozent meist nichts sieht. Dienstleistungen aller Art sind in Indien sehr günstig, weil die Arbeitskraft nur gering entlohnt wird. Ein paar Rupien Trinkgeld bessert den schmalen Verdienst etwas auf. In den Restaurants der 5-Sterne Hotels ist ein Trinkgeld von 10 Prozent üblich.

Essen und Trinken

Indisches Essen sei scharf, man esse Reis und trinke Tee dazu - so lautet die weitläufige Meinung über indisches Essen. Dabei ist die indische Küche vielfältig wie kaum eine andere. Das eigentliche Geheimnis der indischen Küche sind die Gewürze, die selbst aus einfachen Nahrungsmitteln exquisite Gerichte werden lassen.

Grob unterteilen lässt sich die indische Küche in die nordindische und die südindische Küche. Im Norden wird fettreich mit viel Fleisch gegessen und die Speisen sind eher würzig als scharf, dazu reicht man Brot. Im Süden ist das Essen meist vegetarisch und um einiges schärfer. Die Beilage zu den Gemüsegerichten ist Reis. In den Küstenregionen sind Fisch und Meeresfrüchte wich-

tige Nahrungsmitte, im Süden ist Thali sehr beliebt: Auf einem Metallteller sind verschiedenen Currys und Gemüsegerichte platziert, dazu gibt es Joghurt, Pickles und Brot.

Aus Gesundheitsgründen sollte man besser auf Salat und das bereitgestellte Wasser verzichten. Ansonsten empfiehlt sich: ausprobieren und die vielfältigen Gaumenfreuden Indiens genießen. Übrigens: wollen Sie wie die meisten Inder mit den Händen essen, benutzen Sie ausschließlich die rechte Hand. Die als unrein geltende linke Hand ersetzt in Indien das Toilettenpapier - deshalb lässt man sie während des Essens auch besser unter dem Tisch.

Fotografieren

Bei Nahaufnahmen von Menschen sollte man allein aus Höflichkeit um Erlaubnis fragen. Man sollte sich bewusst sein, dass manche Menschen noch immer daran glauben, ein Foto raube ihnen die Seele. In der Regel haben die meisten Inder nichts gegen ein Foto einzuwenden, ganz im Gegenteil. In manchen Tempeln und Wildreservaten ist das Fotografieren nach Entrichtung einer Gebühr erlaubt. Fotografierverbote sollte man generell akzeptieren.

Frauen unterwegs

Als Frau empfiehlt es sich, unauffällige, lange Kleidung zu tragen. Macht man sich bewusst, dass Inderinnen sogar vollständig bekleidet baden gehen, dürfte deutlich werden, in welchem Kontext eine Westlerin im Bikini oder oben ohne gesehen wird. Die Westlerin gilt als extrem freizügig. Durch Zurückhaltung im Verhalten und entsprechende Kleidung kann man zumindest versuchen, diesem Bild entgegenzuwirken.

In manchen Zügen gibt es Ladies Compartments, Abteile, die ausschließlich für Frauen reserviert sind und für allein reisende Frauen eine angenehme Reisemöglichkeit darstellen.

Geld

Während Indienreisende noch vor einigen Jahren mit einer langwierigen Prozedur rechnen mussten, um ihre Reiseschecks in Rupien einzutauschen, ist das Reiseleben diesbezüglich viel einfacher geworden. Bargeldloses Zahlen und das Abheben per Karte haben stark zugenommen und die Reiseschecks an Bedeutung verloren. Dennoch empfiehlt es sich, einen Teil des Budgets in Schecks mitzunehmen, da längst nicht alle Orte mit Geldautomaten ausgestattet sind und im Falle eines Verlustes die Schecks beim Vorlegen der Kaufquittung ersetzt werden. Etwas Bargeld für den Notfall sollte in der Reisekasse nicht fehlen.

Indien ist für Touristen mit harter Währung ein billiges Reiseland. Das bequeme Leben der Touristen mit Dollars und Euros verleitet dazu, Waren oder Dienstleistungen über dem üblichen Preis anzubieten. Da Feilschen zum Geschäft gehört, empfiehlt es sich, eine ungefähre Ahnung vom Preis des begehrten Produktes zu haben. Manch Geschäft endet bei einem Bruchteil des vorgeschlagenen Preises und ist noch immer für beide Seiten ein guter Deal.

Gesundheit

Für Indien sind derzeit keine verbindlichen Impfungen vorgeschrieben, es sei denn, man reist aus einem Land ein, in dem Gelbfieber verbreitet ist. Am besten wendet man sich an ein Tropeninstitut, das über empfohlene Impfungen und Malariaschutz informiert. Malaria wird durch eine Stechmücke übertragen, stellt aber je nach Reisezeit und Region nicht zwangsläufig eine Gefahr dar. Viele Langzeitreisende verzichten auf eine Malariaprophylaxe, da die Nebenwirkungen der Medikamente zu schwerwiegend sind und beugen mit Moskitonetzen, Insektenschutz und langer Kleidung vor. Im Übrigen legt die meisten Reisenden keine der klassischen Tropenkrankheiten flach, sondern es sind eher die harmloseren Krankheiten, etwa eine Magen- und Darmerkrankung oder eine Erkältung, die das Reiseleben erschweren.

Der Abschluss einer Auslandkrankenversicherung macht auf jeden Fall Sinn, damit im Notfall der Rücktransport und die Behandlungskosten übernommen werden. Sollte eine stationäre Behandlung notwendig sein, erkundigt man sich am besten bei der nächsten deutschen Botschaft über empfehlenswerte Krankenhäuser und Privatärzte vor Ort.

Da manche Krankheiten eine lange Inkubationszeit haben, sollte man beim Auftreten von Beschwerden auch nach der Rückkehr den behandelnden Arzt über die Reise informieren. Ansonsten gilt: Verzicht auf Salat und Leitungswasser - Eiswürfel und Speiseeis nur aus sehr guten Restaurants.

Kleidung

Auch wenn in den Großstädten Mumbai und Delhi in einigen Kreisen die westliche Mode Einzug gehalten hat, sollte man sich an einige Grundregeln halten - Schultern und Beine bedecken, keine freizügigen Ausschnitte, keine enge Kleidung. Vor allem beim Besuch von Tempeln und anderen religiösen Stätten sollte man darauf achten, nicht gegen die Sitten des Landes zu verstoßen. Grundsätzlich gilt es, in Tempeln und Moscheen die Schuhe auszuziehen. Darüber hinaus sind in Jains Tempel Lederprodukte generell verboten, in Moscheen und in Sikh Tempeln ist eine Kopfbedeckung erwünscht.

Nationalparks

92 Nationalparks und 500 Schutzgebiete gibt es in Indien, die knapp 5 Prozent der gesamten Fläche Indiens einnehmen. Beim Besuch eines Nationalparks empfiehlt es sich, bereits im Voraus eine Unterkunft zu buchen. Auf eigene Faust darf man die Parks nicht erkunden. Am besten schließt man sich einer von der Parkverwaltung organisierten Tour an oder wandert mit einem offiziell anerkannten Guide durch das Gebiet.

Post, Telekommunikation und Internet

Für den Postversand gilt, die Post besser nicht in den Briefkasten zu werfen, sondern in der Post abstempeln zu lassen. Sonst kann es vorkommen, dass die ungestempelten Briefmarken abgelöst und wieder verkauft werden. Päckchen zu verschicken ist ungleich aufwändiger. Das Paket muss so stabil wie möglich verpackt, dann in Stoff eingenäht und versiegelt werden, damit es überhaupt von der Post angenommen wird. Dann müssen mehrere Formulare ausgefüllt werden, in denen der Inhalt näher spezifiziert werden muss, bevor das Paket schließlich verschickt werden kann.

Zum Telefonieren sucht man am besten einen der zahlreichen ISD/STD Läden auf. Die Verbindungen ins Ausland sind meist sehr gut und günstig. Diese Läden haben häufig auch Fax- und Internetanschluss. In den Metropolen und Touristenzielen gibt es mittlerweile zahlreiche Internetcafés. Überlastungen des Netzes und Stromausfälle kommen allerdings häufig vor.

Reisezeit

Die Monate von Oktober bis März sind die beste Reisezeit für Indien. Nachts ist es kühl und die Tagestemperaturen sind für westliches Empfinden erträglich. Je nach Reiseziel ist unterschiedliche Kleidung angebracht. In Nordindien kann es im Januar und Februar nachts empfindlich kalt werden und reist man in die Himalayaregion, ist warme Kleidung sowieso ein Muss. In Südindien hingegen sinken die Temperaturen selbst im Winter nicht unter 15 Grad. Tagsüber ist es im Norden wie im Süden mit 25 bis 30 Grad sehr warm.

Sicherheit

Indien ist ein relativ sicheres Reiseland, hält man sich an einige Regeln. So sollte man nachts einsame Gegenden und Parks meiden, Wertpapiere und Geld trägt man am besten unsichtbar in einem

Bauchgurt am Körper und an Bahnhöfen hilft erhöhte Wachsamkeit. Während des Reisens in Zügen sollte man seine Wertsachen am Körper tragen, einige Reisende sichern ihr Gepäck mit einer Metallkette am Zugbett.

Gemessen an der Armut ist die Kriminalitätsrate in Indien relativ niedrig, was sicher mit dem starken Einfluss der Religion zusammenhängt. Da die Lebensumstände aus den Taten des vorangegangenen Lebens resultieren, fügt man sich eher in sein Karma, als sich auf kriminelle Abwege zu begeben, was wiederum Auswirkungen auf das nächste Leben hätte.

Politisch motivierte Anschläge gibt es in Indien immer wieder. Im November 2008 richteten sich diese zum ersten Mal gegen westliche Ausländer und deren beliebte Hotels und Restaurants. Das Auswärtige Amt rät daher zu erhöhter Wachsamkeit an öffentlichen Plätzen, Regierungsgebäuden und großen Menschenansammlungen. Über aktuelle Entwicklungen informieren die indischen Botschaften, sowie das Auswärtige Amt in Berlin.

Shopping

Shoppingbegeisterte stellt Indien vor die Qual der Wahl. Neben einer großen Auswahl an Kunsthandwerk aus verschiedenen Regionen und Materialien, sind Schmuck sowie Seiden- und Baumwollstoffe, Teppiche und Antiquitäten die beliebtesten Mitbringsel. Einen Überblick gewinnt man in den staatlichen Läden, den sogenannten ›Gouvernment Cottages‹ oder ›Emporiums‹, in denen hochwertige Produkte aus ganz Indien zum festgesetzten Preis angeboten werden. Günstig sind Maßanfertigungen vom Schneider, für die man am besten ein Bild oder ein Modell und genügend Zeit einplant. Ein Kleidungsstück »tomorrow ready« kann auch erst eine Woche später fertig sein.

Unterkunft

So vielfältig Indien ist, so mannigfach sind die Möglichkeiten zu übernachten. Die Palette reicht von der Pritsche im Schlafsaal bis zur Übernachtung in einem Palast. Dazwischen liegen Guest Houses, kleine Pensionen meist im unteren Preisniveau und Hotels in allen Kategorien. Verwirrend und kaum durchschaubar ist das Preissystem vieler Hotels mit zahlreichen Abstufungen. Am besten wirft man einen Blick in das Zimmer, bevor man sich entscheidet.

Verkehr

Das wichtigste Transportmittel Indiens ist die Bahn und jeder Indienreisende sollte sich zumindest einmal dieser Herausforderung stellen, da er neue Einblicke in das indische Leben gewinnen wird. Ein Ticket zu kaufen oder eine Reservierung vorzunehmen kann allerdings zu einer nervenaufreibenden, stundenlangen Prozedur werden. Reisebüros und Ticket Services übernehmen gegen einen Aufpreis die Besorgung der Tickets.

Das zeitaufwändige Reisen in Bussen und Bahnen lässt Fliegen zu einer interessanten Alternative werden. Seit einigen Jahren machen einige Billiganbieter Inlandsflüge nun auch für Low Budget Traveller erschwinglich.

Für Kurzstrecken empfehlen sich Motorrikshas, dreiräderige Gefährte, die sich wendiger durch den Verkehr kämpfen können als Taxis. Benutzt man ein Taxi, so sollte man darauf achten, dass das Taxameter eingeschaltet ist. Ansonsten den Preis immer vor der Fahrt aushandeln. Das gilt auch für Fahrradrikshas, die dreirädrigen Fahrräder mit Sitzbank, die aus den Zentren einiger Metropolen verbannt wurden, in den meisten Städten aber wichtiges Transportmittel sind.

Backwatertrip

Eine der atemberaubendsten Landschaften Indiens befindet sich in Kerala - die Backwaters, von den Einheimischen Kuttanad genannt. Gesäumt von schlanken Kokosnusspalmen und grünen Reisfeldern breitet sich ein weitverzweigtes Netz aus Flüssen, Lagunen und Seen auf einer Länge von 75 km von Kochi im Norden bis Kollam im Süden aus. Diese faszinierende Landschaft vom Wasser aus zu erkunden, steht auf dem Reiseplan fast eines jeden Südindienbesuchers und gehört zu den Highlights in Kerala. Auf Hausbooten werden die Touristen durch das dunkel schimmernde Wasserlabyrinth gestakt. Diese Boote sind umfunktionierte einfache Lastkähne, die Kettuvellams. Sie sind die Transport- und Lieferfahrzeuge der ansässigen Bevölkerung, die Wasserstraßen dienen als Verkehrs- und Handelswege.

2 Millionen Menschen leben in der Region, in der Regel vom Fischfang, vom Reisanbau oder dem Tourismus. Ein Leben mit und vom Wasser.

Vom Wasser aus eröffnet sich eine Welt, die von den Straßen aus unsichtbar bleibt. Einfache Zugbrücken spannen sich über schmale Kanäle, vereinzelt stehen kleine Steinhäuser in Ufernähe. Frauen in bunten Saris erledigen knietief im Wasser den Abwasch oder klopfen die Wäsche auf Steinen aus.

Das Ufer ist gesäumt von grünen Sträuchern und hohen Gräsern, offene Flächen mit leuchtenden Reisfeldern wechseln sich mit undurchdringlichem Bewuchs ab. Rote Hibiskusblüten blitzen auf, schlanke Palmen wachsen bis zum Himmel, der schnelle Flügelschlag des blaugefiederten Kingfishers, des Eisvogels, durchbricht die tiefe Geruhsamkeit. Ein Kormoran sitzt regungslos mit ausgebreiteten Flügeln auf einem Baumstumpf und lässt seine Federn trocknen. Am Ufer abgelegte Zahnbürsten und Seifenstückchen markieren die Badezimmer. Grassoden treiben ruhig dahin, Seerosen umschmeicheln das Ufer, eine braungelbe Wasserschlange gleitet davon und einfache Langboote fahren schwer beladen vorbei. Entspannte und glückliche Gesichter bei den Touristen, die auf den Hausbooten durch diese Idylle schippern.

Doch es gibt eine Schattenseite - das Ökosystem ist in Gefahr. Die Bevölkerungsdichte ist hier etwa dreimal so hoch wie in anderen südindischen Küstengebieten. Illegaler Bodengewinn durch Trockenlegung führt zu einer Verminderung des Fischbestandes, Überdüngung des Bodens zu einer Verunreinigung des Wassers, das zu langsam fließt, um die zunehmenden Belastungen ausgleichen zu können. Auch der Tourismus trägt zur Umweltbelastung bei - einige Boote sind motorbetrieben und das Kerosin verschmutzt das dunkle Wasser, das bereits nicht mehr als Trinkwasser geeignet ist.

Um umweltverträglich durch die zauberhafte Wasserlandschaft der Backwaters zu gleiten, kann man Touren buchen, die auf Motorboote verzichten. Dies ist nicht nur der Ökologie förderlich, sondern bewahrt auch den Arbeitsplatz der Bootsmänner, die seit Jahrhunderten die Tradition des Stakens aufrecht erhalten.

Info: www.keralatourism.org

Danksagung

Mein persönlicher Dank gilt ganz besonders Martin Lehmann-Waldau, der einige seiner anschaulichen Artikel zur indischen Lebensrealität beigesteuert hat und der Fotografin Paula Landmann für ihre eindrucksvollen Indienfotos. Desweiteren Dank an die Interviewten Urvashi Butalia, Colonel Mahendra Pratap Choudhary, Swami Siva Swaroopananda und Petra Mehl-Lammens. Meinem Bruder Christoph Glaubacker gilt mein Dank fürs Korrekturlesen. Außerdem danke ich dem Conbook Verlag, vornehmlich Matthias Walter, für die unterstützende und angenehme Zusammenarbeit.

Mitwirkende

Martin Lehmann-Waldau lebt seit 1998 in Indien. Er hat bei der deutsch-indischen Handelskammer in Bangalore Wirtschaftsunternehmen beraten, an der internationalen Woodstock Schule in Mussoorie mit Schülern aus aller Welt kulturellen Austausch geübt sowie Touristen und Bergsteiger durch das Land geführt. In zahlreichen Reisen hat er das indische Enigma aus den verschiedensten Blickwinkeln kennengelernt. Jetzt berichtet er als freier Journalist über Abseitiges und Ungewöhnliches aus Südasien. Martins Basislager ist in der Nähe von Manali im westindischen Himalaya.

Er bloggt bei http://innereien-indereien.blog.de und ist unter lehmwald@yahoo.com zu erreichen.

Die **Fotografin Paula Landmann** ist in Greifswald, Mecklenburg-Vorpommern, geboren und hat ihre Ausbildung zur Fotografin in Bremen absolviert. Ihre Schwerpunkte liegen seither in der Werbe- und Katalogfotografie sowie in der Mode-, Food- und Interieurfotografie und in der manuellen und digitalen Bildbearbeitung.
Ihre letzte Beschäftigung hat sie als Werbe- und Produktfotografin in einer Berliner Agentur ausgeübt, deren Schwerpunkt im Bereich des Fotoshootings lag. In all ihrer Flexibilität, die sich durch zahlreiche Auslandsreisen unterstreichen lässt, hat sie einen ganz persönlichen Blick für die Dinge entwickelt, an dem sie den Betrachter teilhaben lässt.

Glossar

Adivasi Indigene Stammesbevölkerung, unterteilt sich in mehr als 600 verschiedene Gruppierungen

Ashram Klosterähnliches Meditationszentrum, religiös motivierte Gemeinschaft

Atman Individuelle Seele, der hinduistische Erlösungsgedanke hat das Ziel der Verschmelzung der individuellen Seele (Atman) mit der Weltseele (Brahman), der Einheit von Mensch und Ewigkeit

Avatar Inkarnation eines Gottes

Ayurveda Alte Heilkunde, beruht ausschließlich auf der Verwendung pflanzlicher und mineralischer Produkte

Bahuchara Mata Verehrte Göttin der Hijras (Eunuchen), verleiht ihnen in ihrer Vorstellung die Macht zu segnen und zu verfluchen

Bakshish Schmiergeld, finanzielle Gabe, etwa zur Beschleunigung bürokratischer Vorgänge

Bhagavad-Gita Teil des Epos Mahabharata, wird von den Hindus als Essenz der Veden betrachtet

Bhakti Gottesliebe

Bodhibaum Nach siebentägiger Versenkung unter einem Bodhibaum in Bodhgaya wurde Siddharta Gautama erleuchtet und dadurch zum Buddha

Brahma In der hinduistischen Mythologie der Schöpfer der Welt

Brahman Weltseele, das höchste Prinzip

Brahmane Mitglied der höchsten hinduistischen Kaste, Priesterkaste

Chapati Indisches Fladenbrot

Chennai Alter tamilischer Name für Madras, seit 1997 offizieller Name

Chola Herrscherdynastie in Südindien

Dalits ›Unterdrückte‹, heutzutage übliche Bezeichnung für die Kastenlosen (›Unberührbare‹)

Devas Indische Bezeichnung für die ›Gott dienenden‹ Götter, vergleichbar mit Engeln der christlichen Lehre

Devadasis Tempeltänzerinnen, weihten ihr Leben den Göttern

Dharavi Slum in Mumbai, gilt als der größte Slum Asiens mit etwa 1 Million Einwohner

Dharma Hinduistische Ethik

Draviden Nicht-arische Urbevölkerung Indiens

East India Company Britische Handelskompanie, betrieb Kolonialisierung bevor Indien der britischen Krone unterstellt wurde

Ganesh Elefantenköpfiger Gott

Ganja Marihuana

Ghee Butterschmalz

Guru Spiritueller Führer des Ashrams, generell Lehrmeister, auch für Musik, Sprachen etc.

Hanuman Affenähnlicher Gott, Verbündeter Ramas

Harijan ›Kinder Gottes‹, Begriff stammt von Mahatma Gandhi, um die Kastenlosen aufzuwerten

Hijras Eunuchen

Jainismus Religion. Der Weg zur Überwindung des Kreislaufs von Wiedergeburt führt über strenge Askese, Meditation und sittliches Handeln

Jati Subkaste, die 4 Hauptkasten lassen sich in etwa 3.000 Subkasten (Jatis) unterteilen

Kailash Zählt im tibetischen Buddhismus, Hinduismus und Jainismus zu den bedeutendsten spirituellen Orten und gilt als heiligster Berg

Kali Göttin der Zerstörung, schwarze blutrünstige Frauengestalt, Erscheinungsform von Parvati

Kamasutra Etwa 300 n. Chr. als Lehrbuch der Liebe niedergeschrieben, umfasst erotische Liebes-, aber auch ethische Lebenskunst

Karma Vorstellung, dass Taten im jetzigen Leben das Schicksal des nächsten Lebens bestimmen, genauso ist das jetzige Leben ein Resultat des vorherigen

Krishna Inkarnation Vishnus, meist als Kind oder als flötenspielender Hirtengott dargestellt

Kshatriya Zweithöchste Kaste, Krieger- und Herrscherklasse

Lakshmi Göttin der Schönheit, des Wohlstands und des Glücks, Gefährtin Vishnus

Lingam Darstellung von Shiva, Phallussymbol

Mahabharata Indischer Epos mit über 100.000 Versen

Mandala Symbolisches Diagramm aus Rechtecken und Kreisen, Meditationsobjekt

Mantra Heiliger Vers oder Silbe, das bekannteste Mantra ist OM

Maya Scheinhaftigkeit, Illusion der Welt

Mela Fest, Jahrmarkt
Meru Mystischer Weltenberg, Sitz der hinduistischen Götter
Moksha Erlösung
Mumbai Seit 1995 offizieller Name Bombays
Nataraja Shiva, als ekstatischer Tänzer Nataraja in einem Feuerrad symbolisiert er Zerstörung und Erneuerung
Nirvana Erlösung, Zustand ewiger Seeligkeit
Paan Beliebter Kautabak aus einem Betelnussblatt, diversen Gewürzen, Limonenpaste und Kalk
Pakora Gebackene Teigtaschen mit Gemüsefüllung
Parvati Gattin des Shiva
Prasad Geweihte Speisen
Puja Religiöse Zeremonie
Rama, Ram Siebte Inkarnation Vishnus, meist dunkelhäutig und mit Pfeil und Bogen dargestellt
Ramayana Heldenepos, Rama befreit seine Gattin Sita aus den Fängen des Dämonen Ravana
Riksha Dreirädriges Gefährt zur Personenbeförderung, mit Motor oder als Fahrrad, in Kolkata noch von Körperkraft gezogen
Sadhus Wandernde Asketen, geben ihr weltliches Leben auf und widmen sich spiritueller Entwicklung, meist Anhänger des Shiva
Samsara Im Hinduismus durchläuft die unsterbliche Seele des Menschen viele Wiedergeburten (Samsara) bis sie Erlösung (Moksha) findet
Sanskrit Sprache der heiligen hinduistischen Schriften
Sarasvati Gemahlin von Brahma, Göttin der Künste, der Musik und der Sprache
Sari Traditionelle Bekleidung für Frauen, besteht aus 5 bis 6 Metern Stoff
Sati Rituelle Selbstverbrennung auf dem Scheiterhaufen des verstorbenen Ehemannes

Shakti Weibliche Urkraft des Universums, stellt aktive Energie dar

Shiva Zerstörer und zugleich auch Erneuerer der Welt, Hauptgott der Sadhus

Shiv Sena ›Shivas Armee‹, hindu-nationale Partei

Shudra Niedrigste der vier Kasten, Handwerker, Diener, Tagelöhner

Sikhs Äußerlich am Turban zu erkennen, Anhänger des Sikhismus

Sufi Islamischer Mystiker

Swami Titel wird dem Namen vorangestellt und zeigt religiöse oder spirituelle Gelehrtheit von Gurus und Yogis an

Thali Verschiedene Gerichte, die in Schälchen auf einem Metallteller serviert werden

Tirthankara Einer der 24 Meister, die den Jainismus erschaffen haben

Trimurti Dreieinigkeit der Götter Vishnu, Brahma und Shiva

Unberührbare Stehen außerhalb des Kastensystems, heute üblicherweise Dalits (Unterdrückte) genannt

Upanishaden Essentielle philosophischen Schriften des Hinduismus

Vaishya Dritte Kaste, Bauern und Händler

Varna ›Farbe‹, jede der vier Hauptkasten wird mit einer Farbe assoziiert

Veden Heilige Schriften des Hinduismus

Vishnu Universeller Gott, Erhalter der Welt, von dem alle anderen Götter nur Aspekte oder Inkarnationen sind, Krishna und Rama sind Inkarnationen von Vishnu

Yoga Philosophische Lehre, die körperliche und geistige Übungen umfasst

Yoni Darstellung von Parvati, weibliches Geschlechtsteil

Zoroastrismus Auch Parsismus, dualistische Weltsicht, in der sich Gut und Böse einem ständigen Kampf befinden